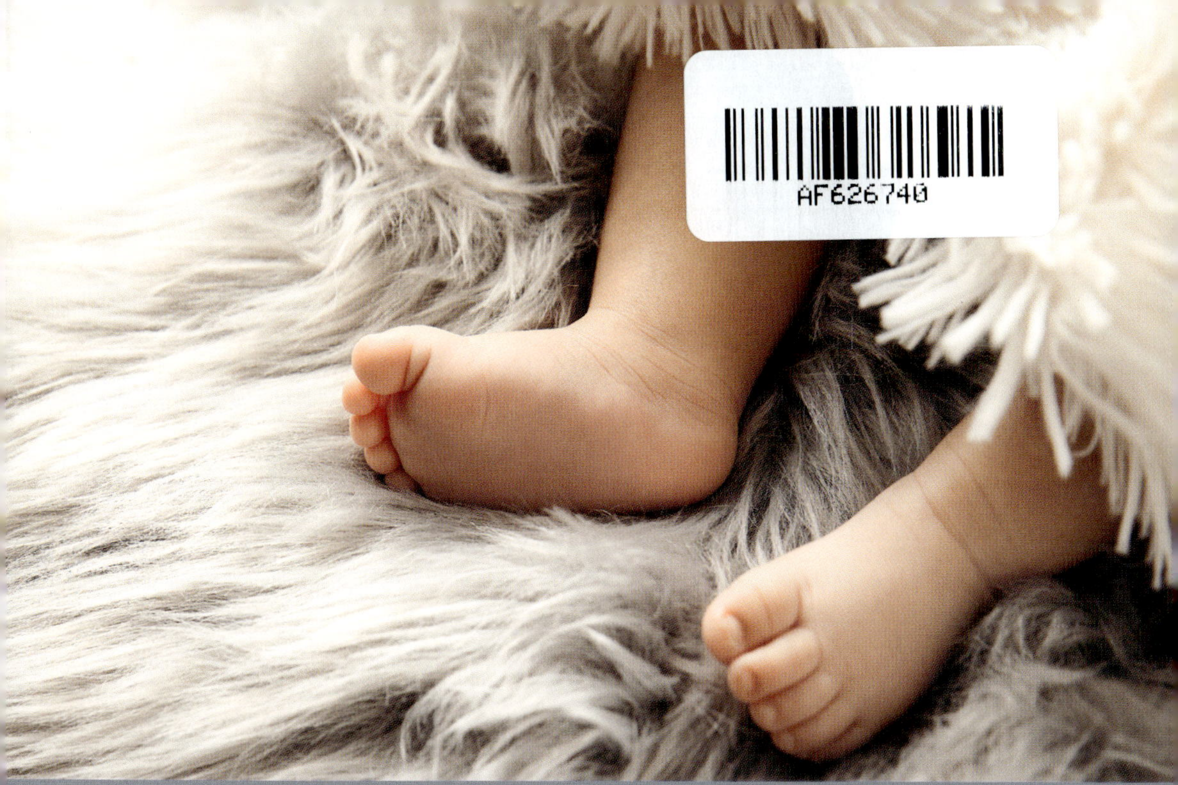

Endlich ist es so weit! Der neue Nachwuchs hat sich angekündigt!

Und was gibt es Schöneres, als den kleinen Erdenbürger mit einem selbstgehäkelten Paar erster Schühchen in der neuen Welt willkommen zu heißen?

In diesem Buch finden Sie süße Schühchen, die ein perfektes Geschenk für den neuen Familienzuwachs sind. Ob kleine Ballerinas, kuschelige Boots, coole Sneaker oder die ersten Halbschuhe. Hier finden Sie genau das perfekte Paar für den ersten großen Auftritt. In den Größen 16-21 finden Sie Ideen für kleine Füße. Von der ersten Sandale bis hin zum warmen Stiefelchen ist für Sommer und Winter genau das Richtige dabei.

Freuen Sie sich auf erste Modelle, die bereits beim Häkeln Spaß machen und Ihnen an kleinen Babyfüßen gleich doppelt Freude bringen.

Kleine Blumenfee

süße Ballerinas

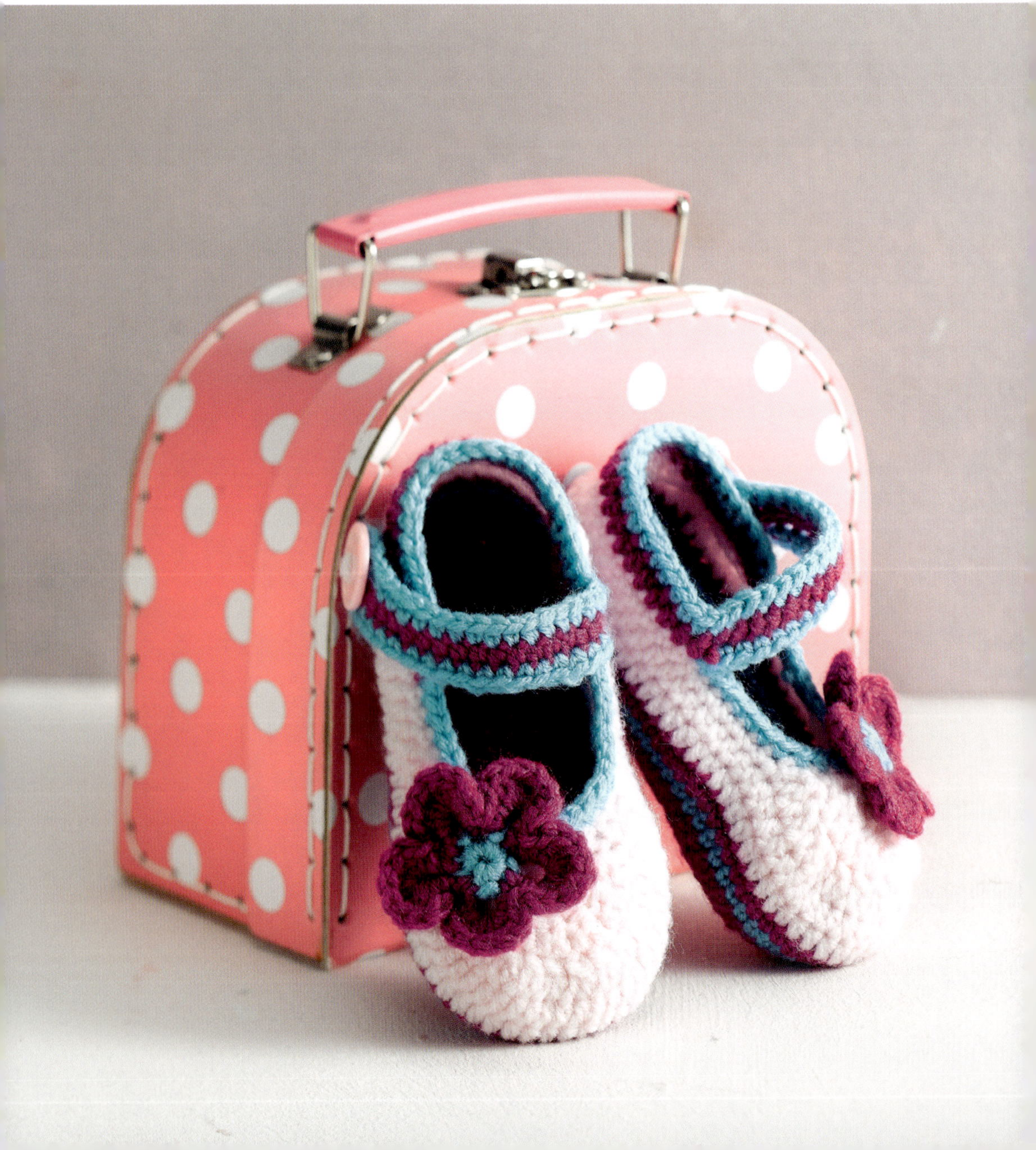

GRÖSSE
18/19

MATERIAL
- Schachenmayr Baby Smiles Bravo Baby 185 (LL 185 m/50 g) in Fuchsia (Fb 1037), Rosa (Fb 1035) und Türkis (Fb 1065), je 50 g
- Häkelnadel 3,5 mm
- 2 Knöpfe, ø 1,2 cm

Anleitung

Rechter Schuh

19 Lm in Fuchsia anschl und in Rd um die Lm-Kette herum arb. Jede Rd mit fM mit 1 Lm beginnen, jede Rd mit hStb mit 2 Lm beginnen. Jede Rd mit 1 Km beenden. Diese M werden nicht mitgezählt.

1. Rd: In der 3. M von der Nd aus beginnen und wie folgt arb: 16 hStb, 3 hStb in 1 M, 16 hStb, 3 hStb in 1 M (= 38 M).

2. Rd: * 16 hStb, 3x je 2 hStb in 1 M, ab * 1x wdh (= 44 M).

3. Rd: 10 fM, 3 hStb, 3 Stb, 6x je 2 Stb in 1 M, 3 Stb, 3 hStb, 11 fM, 4x je 2 fM in 1 M, 1 fM (= 54 M).

4. Rd: 10 fM, 3 hStb, 6 Stb, 6x je 2 Stb in 1 M, 6 Stb, 3 hStb, 11 fM, 4x [1 fM, 2 fM in 1 M], 1 fM (= 64 M).

5. Rd: 24 fM, 6x je 2 fM in 1 M, 34 fM (= 70 M). Faden trennen und durchziehen. In Türkis neu anschlingen.

6. Rd: 70 Relief-hStb von hinten.

7. Rd: 70 hStb.
Faden trennen und durchziehen. In Fuchsia neu anschlingen.

8. Rd: 70 hStb.
Faden trennen und durchziehen. In Rosa neu anschlingen.

9.+10. Rd: 70 hStb.
Faden trennen und durchziehen. Den Schuh mittig falten, von der hinteren Mitte aus nach links gezählt in der 16. M neu anschlingen und in R arb.

1. R: 2 Lm und 1 Stb (zählen als 2 zusammen abgemaschte Stb), 15x je 2 Stb zusammen abmaschen (= 16 M).

2. R: 2 Lm und 1 Stb (zählen als 2 zusammen abgemaschte Stb), 7x je 2 Stb zusammen abmaschen (= 8 M).

3. R: 2 Lm, 8 Stb zusammen abmaschen.
In Rd weiterarb.

11. Rd: 1 Lm, 3 fM in die Rdm der 1.-3. R, 38 fM, 3 fM in die Rdm der 1.-3. R (= 44 M).
Faden trennen und durchziehen. Den Schuh mittig falten, von der hinteren Mitte aus nach rechts gezählt in der 13. M in Fuchsia neu anschlingen und in R arb.

4. R: 26 hStb, 26 Lm.

5. R: In der 9. M von der Nd aus beginnen und die Unterseite der Lm-Kette behäkeln: 18 hStb, 1 Km in das 26. hStb der 4 R. Faden trennen und durchziehen. In Türkis in der Km der 5. R neu anschlingen und alles mit fM umhäkeln.

Linker Schuh

Den rechten Schuh bis zur 11. Rd wie den linken arb. Dann den Schuh mittig falten und von der hinteren Mitte aus nach rechts gezählt in der 13. M in Fuchsia neu anschlingen und in R arb.

4. R: 26 Lm anschl, in der 9. M von der Nd aus beginnen: 18 hStb auf die Lm-Kette häkeln, in der Anschling-M beginnen und 26 hStb arb. Faden trennen und in Türkis neben der Anschling-M neu anschlingen und alles mit fM umhäkeln.

Blume (2x)

Einen Magic-Ring in Türkis fertigen und wie folgt in Rd arb:

1. Rd: 10 fM in den Ring, 1 Km in die 1. fM. Faden trennen und durchziehen. In Fuchsia neu anschlingen.

2. Rd: * 1 fM, 5 Lm, 1 M der Vor-Rd überspringen (= 1. Blütenblatt), ab * 4x wdh, 1 Km in die 1. fM (= 5 Blütenblätter).

3. Rd: * 1 Km in dieselbe M der 1. Rd wie die fM, um den Lm-Bogen der 2. Rd 1 fM, 8 hStb, 1 fM arb, ab * 4x wdh, 1 Km in die 1. M der 3. Rd (= 5 Blütenblätter).
Faden trennen und durchziehen.

Fertigstellen

Knöpfe annähen. Blumen aufnähen. Alle Fäden vernähen.

Expedition im Schnee

kleine Boots mit Fell

GRÖSSE
20/21

MATERIAL

- Schachenmayr Merino extrafine 120 (LL 120 m/50 g) in Kamel (Fb 105) und Weiß (Fb 101), je 50 g
- Schachenmayr Baby Smiles Lenja Soft (LL 85 m/25 g) in Weiß (Fb 1002), 25 g
- Häkelnadel 3,5 mm
- 4 Knöpfe, ø 1,2 cm

Anleitung

Rechter Schuh

14 Lm mit Merino extrafine 120 in Weiß anschl und in Rd um die Lm-Kette herum arb. Jede Rd mit fM mit 1 Lm beginnen, jede Rd mit hStb mit 2 Lm beginnen. Jede Rd mit 1 Km beenden. Diese M werden nicht mitgezählt.

1. Rd: In der 3. M von der Nd aus beginnen: 11 hStb, 6 hStb in 1 M, 11 hStb, 6 hStb in 1 M (= 34 M).

2. Rd: * 11 Stb, 6x je 2 Stb in 1 M, ab * 1x wdh (= 46 M).

3. Rd: * 11 Stb, 12x je 2 Stb in 1 M, ab * 1x wdh (= 70 M).

4. Rd: 70 hStb.

5. Rd: 70 Relief-fM von hinten.

6. Rd: 70 fM.

Faden trennen und durchziehen. In Kamel in der hinteren Fersenmitte neu anschlingen.

7. Rd: 70 Relief-fM von hinten.

8.+9. Rd: 70 hStb.

Faden trennen und durchziehen. Den Schuh mittig falten, von der hinteren Mitte aus nach links gezählt in der 19. M neu anschlingen und in R arb.

1. R: 2 Lm und 1 Stb (zählen als 2 zusammen abgemaschte Stb), 17x je 2 Stb zusammen abmaschen (= 18 M).

2. R: 18 fM.

3. R: 2 Lm und 1 Stb (zählen als 2 zusammen abgemaschte Stb), 8x je 2 Stb zusammen abmaschen (= 9 M).

4. R: 9 fM.

5. R: 2 Lm, 8 Stb zusammen abmaschen.

Nun 1 Rd wie folgt häkeln: 1 Lm, 5 fM in die Rdm der 1.-5. R, 34 fM, 5 fM in die Rdm der 1.-5. R, diese Rd mit 1 Km in die Anfangs-Lm schließen (= 45 M).

Faden trennen und durchziehen. In der 6. fM der zuletzt gehäkelten Rd neu anschlingen.

6. R: 45 hStb, 1 Km, 7 Lm.

7. R: In der 3. M von der Nd aus beginnen: 5 hStb in die Lm-Kette, 45 hStb (= 50 M).

8. R: 47 hStb, 1 Lm, 1 M überspringen, 2 hStb (= 50 M).

9. R: 50 hStb.

10. R: 47 hStb, 1 Lm, 1 M überspringen, 2 hStb (= 50 M).

11. R: 50 hStb.

Faden trennen und durchziehen. Mit Baby Smiles Lenja Soft in Weiß neu anschlingen und wie folgt häkeln: 50 fM, 6 fM in die Rdm, 5 fM in die Unterseite der Lm-Kette der 6. Rd, wenden und 1 Rückr fM arb.

Linker Schuh

Bis zur 5. R wie den 1. Schuh arb. Dann in der 40. fM der zuletzt gehäkelten Rd neu anschlingen und mit einer Rückr beginnen.

6. R (Rückr): 45 hStb, 1 Km, 7 Lm.

7. R: In der 3. M von der Nd aus beginnen: 5 hStb in die Lm-Kette, 45 hStb (= 50 M).

8. R: 47 hStb, 1 Lm, 1 M überspringen, 2 hStb (= 50 M).

9. R: 50 hStb.

10. R: 47 hStb, 1 Lm, 1 M überspringen, 2 hStb (= 50 M).

11. R: 50 hStb.

Faden trennen und durchziehen. Mit Baby Smiles Lenja Soft in Weiß neu anschlingen und wie folgt häkeln: 50 fM, 6 fM in die Rdm, 5 fM in die Lm der 6. Rd, wenden und 1 Rückr fM arb.

Fertigstellen

Knöpfe annähen. Alle Fäden vernähen.

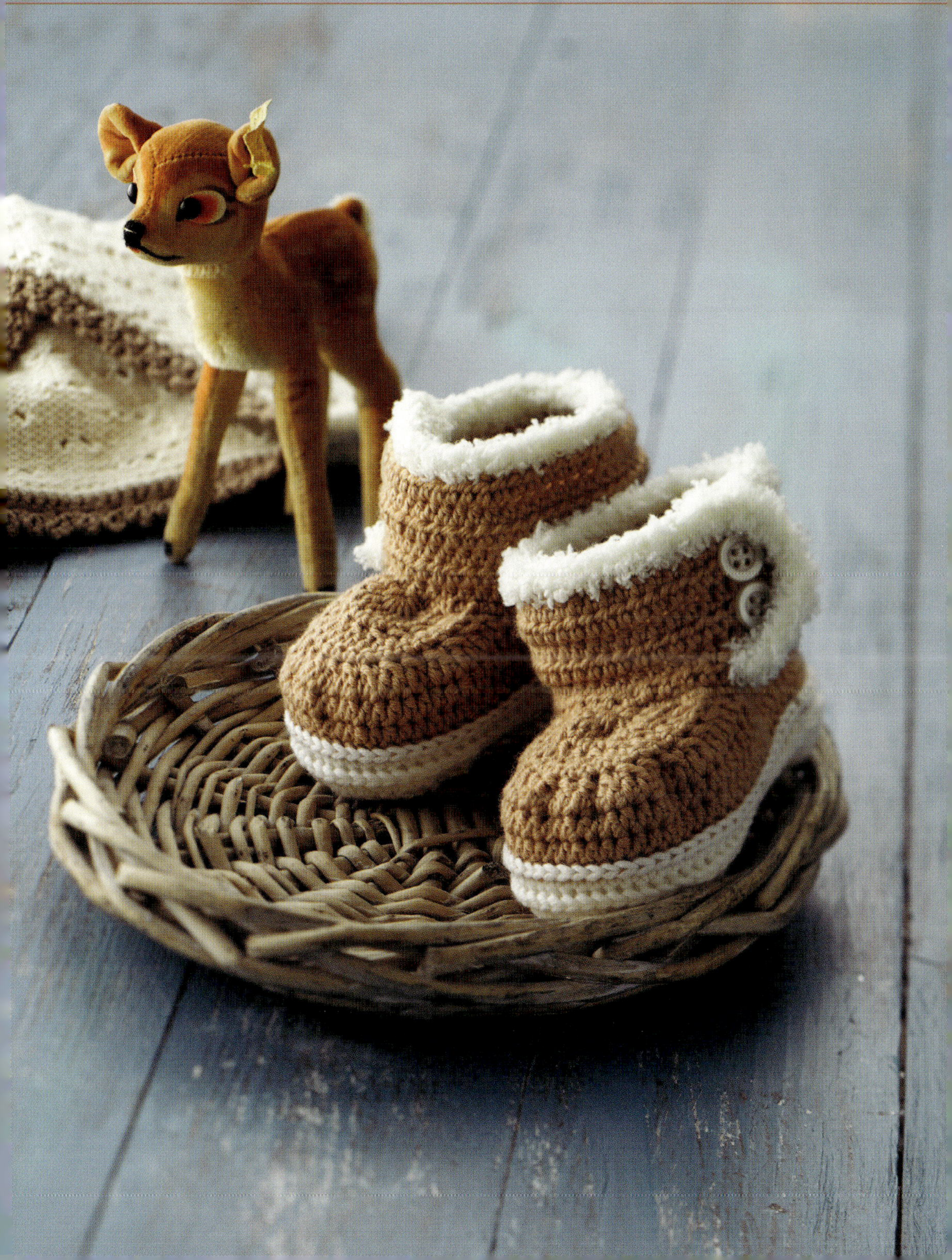

Streifenstark

kleine Boots mit Umschlag

GRÖSSE
20/21

MATERIAL
- Schachenmayr Merino extrafine 120 (LL 120 m/50 g) in Clematis (Fb 148), Flieder (Fb 145) und Teerose (Fb 136), je 50 g
- Häkelnadel 3,5 mm

Anleitung

Schuh (2x)

19 Lm in Clematis anschl und in Rd um die Lm-Kette herum arb. Jede Rd mit fM mit 1 Lm beginnen, jede Rd mit hStb mit 2 Lm beginnen. Jede Rd mit 1 Km beenden. Diese M werden nicht mitgezählt.
1. Rd: In der 3. M von der Nd aus beginnen: 16 hStb, 3 hStb in 1 M, 16 hStb, 3 hStb in 1 M (= 38 M).
2. Rd: * 16 hStb, 3x je 2 hStb in 1 M, ab * 1x wdh (= 44 M).
3. Rd: 10 fM, 3 hStb, 3 Stb, 6x je 2 Stb in 1 M, 3 Stb, 3 hStb, 11 fM, 4x je 2 fM in 1 M, 1 fM (= 54 M).
4. Rd: 10 fM, 3 hStb, 6 Stb, 6x je 2 Stb in 1 M, 6 Stb, 3 hStb, 11 fM, 4x [1 fM, 2 fM in 1 M], 1 fM (= 64 M).
5. Rd: 24 fM, 6x je 2 fM in 1 M, 34 fM (= 70 M).
6. Rd: 70 Relief-fM von hinten.
Faden trennen und durchziehen. In Flieder neu anschlingen.
7.-9. Rd: 70 hStb.
Faden trennen und durchziehen. Den Schuh mittig falten, von der hinteren Mitte aus nach links gezählt in der 18. M neu anschlingen und in R arb.
1. R: Nur in das hintere M-Glied arb: 2 Lm und 1 Stb (zählen als 2 zusammen abgemaschte Stb), 17x je 2 Stb zusammen abmaschen (= 18 M).
2. R: 18 fM.
3. R: 2 Lm und 1 Stb (zählen als 2 zusammen abgemaschte Stb), 8x je 2 Stb zusammen abmaschen (= 9 M).
4. R: 9 fM.
5. R: 2 Lm, 8 Stb zusammen abmaschen.
In Rd weiterarb.
10. Rd: 8 fM in die Rdm der 1.-5. R, 34 fM, 8 fM in die Rdm der 1.-5. R (= 50 M).
Faden trennen und durchziehen. In der Fersenmitte neu anschlingen.
11. Rd: 15 hStb, 2x je 2 hStb zusammen abmaschen, 12 hStb, 2x je 2 hStb zusammen abmaschen, 15 hStb (= 46 M).
12. Rd: 14 hStb, 2x je 2 hStb zusammen abmaschen, 10 hStb, 2x je 2 hStb zusammen abmaschen, 14 hStb (= 42 M).
13. Rd: 13 hStb, 2x je 2 hStb zusammen abmaschen, 8 hStb, 2x je 2 hStb zusammen abmaschen, 13 hStb (= 38 M).
14.-17. Rd: 38 hStb.
Faden lang trennen, durchziehen und zum Annähen des Umschlags verwenden.

Umschlag (2x)

In Clematis 15 Lm anschl und in R nur in das hintere M-Glied arb. Jede Rippe besteht aus einer Hinr und einer Rückr mit jeweils 14 fM. Insgesamt 28 Rippen häkeln, dabei die Rippen im Wechsel in Clematis und Teerose arb. Den Faden lang trennen und die letzte R mit der Anschlag-R verbinden.

Fertigstellen

Die Umschläge jeweils an die Schuhe nähen. Alle Fäden vernähen.

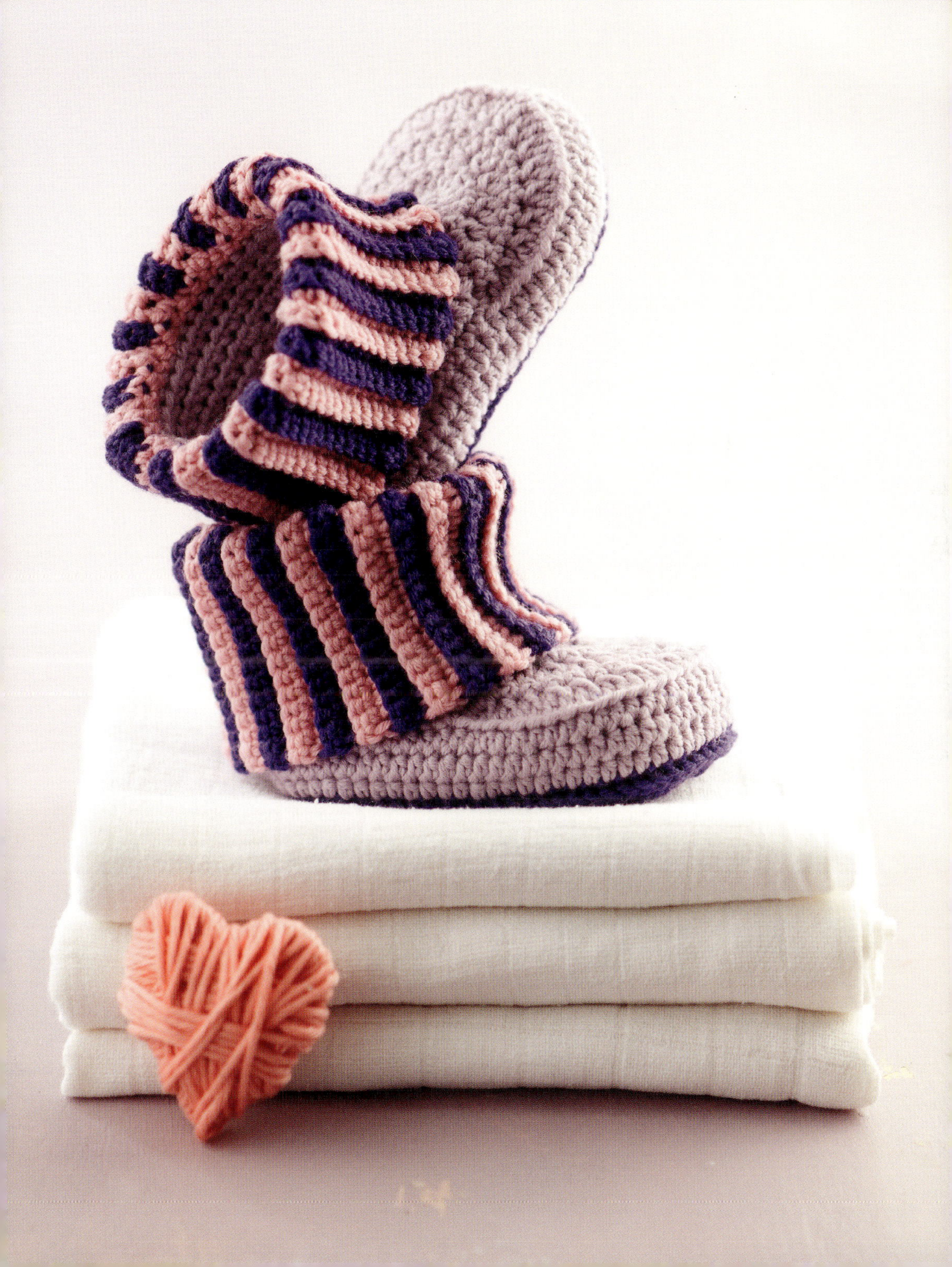

Auf in die Natur

Boots mit Korbmuster

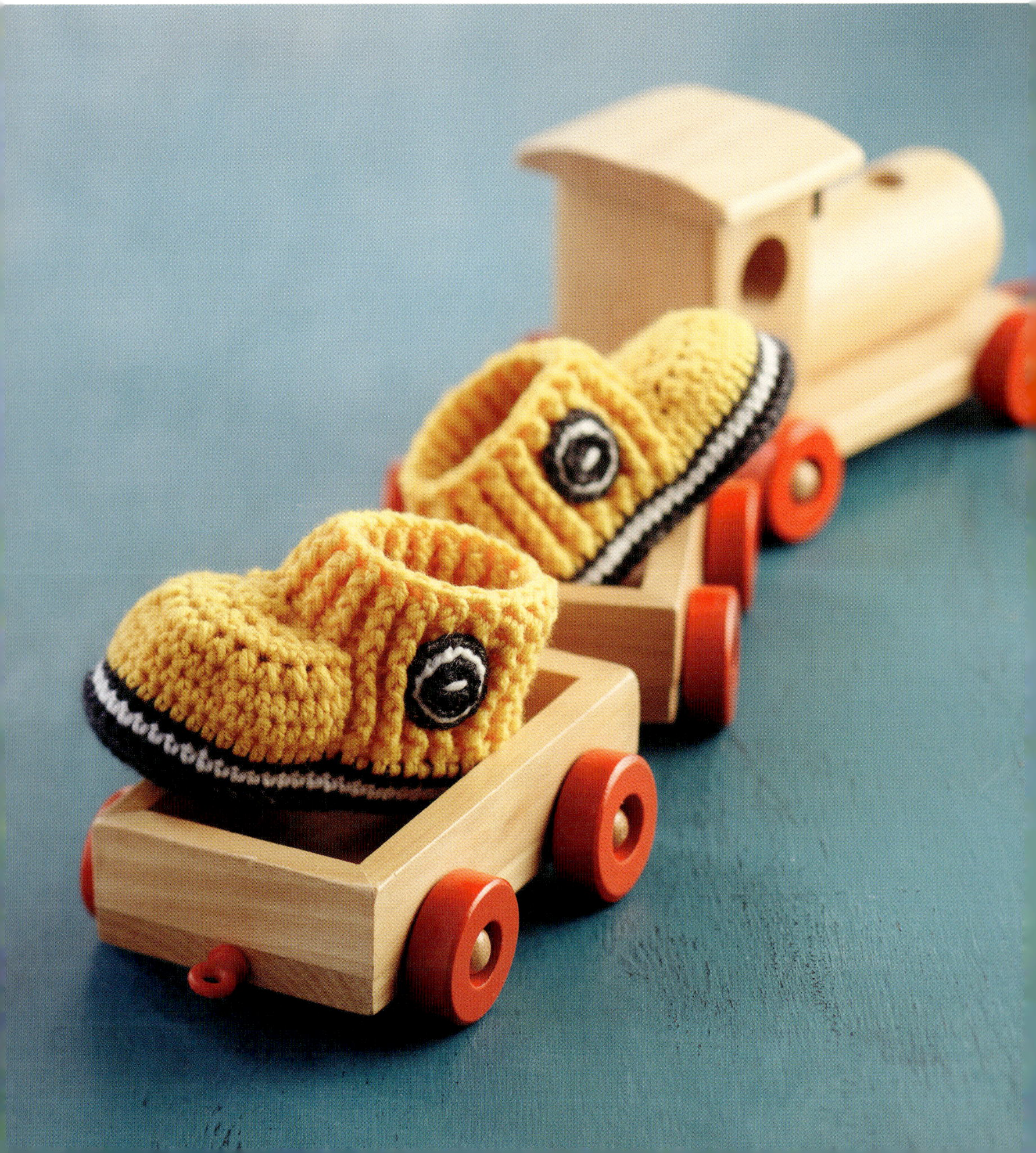

GRÖSSE
18/19

MATERIAL
- Schachenmayr Merino extrafine 120 (LL 120 m/50 g) in Anthrazit meliert (Fb 198) und Maracuja (Fb 121), je 50 g, in Weiß (Fb 1001), Rest
- Häkelnadel 3,5 mm

Korbmuster mit Stb

1 Relief-Stb von hinten, 1 Relief-Stb von vorn im Wechsel häkeln.

Korbmuster mit hStb

1 Relief-hStb von hinten, 1 Relief-hStb von vorn im Wechsel häkeln.

Anleitung

Schuh (2x)

19 Lm in Anthrazit meliert anschl und in Rd um die Lm-Kette herum arb. Jede Rd mit fM mit 1 Lm beginnen, jede Rd mit hStb mit 2 Lm beginnen. Jede Rd mit 1 Km beenden. Diese M werden nicht mitgezählt.
1. Rd: In der 3. M von der Nd aus beginnen: 16 hStb, 3 hStb in 1 M, 16 hStb, 3 hStb in 1 M (= 38 M).
2. Rd: * 16 hStb, 3x je 2 hStb in 1 M, ab * 1x wdh (= 44 M).
3. Rd: 10 fM, 3 hStb, 3 Stb, 6x je 2 Stb in 1 M, 3 Stb, 3 hStb, 11 fM, 4x je fM in 1 M, 1 fM (= 54 M).
4. Rd: 10 fM, 3 hStb, 6 Stb, 6x je 2 Stb in 1 M], 6 Stb, 3 hStb, 11 fM, 4x [1 fM, 2 fM in 1 M], 1 fM (= 64 M).
5. Rd: 64 Relief-fM von hinten.
Faden trennen und durchziehen. In Weiß neu anschlingen.
6. Rd: 64 fM.
Faden trennen und durchziehen. In Anthrazit meliert neu anschlingen.
7. Rd: 64 fM.
Faden trennen und durchziehen. In Maracuja in der hinteren Fersenmitte neu anschlingen.
8. Rd: 64 hStb.
9.+10. Rd: 16 M Korbmuster mit Stb, 32 hStb, 16 M Korbmuster mit Stb (= 64 M).
Faden trennen und durchziehen. In der 16. M der 10. Rd neu anschlingen und in R arb.
1. R: 2 Lm und 1 hStb (zählen als 2 zusammen abgemaschte hStb), 15x je 2 hStb zusammen abmaschen (= 16 M).
2. R: 1 Steige-Lm, 16 fM.
3. R: 2 Lm und 1 hStb (zählen als 2 zusammen abgemaschte hStb), 7x je 2 hStb zusammen abmaschen (= 8 M).
4. R: 1 Steige-Lm, 8 fM.
5. R: 2 Lm und 1 hStb (zählen als 2 zusammen abgemaschte hStb), 3x je 2 hStb zusammen abmaschen (= 4 M).
Faden trennen und durchziehen. In Maracuja in der hinteren Fersenmitte neu anschlingen und in Rd weiterarb.
11. Rd: 16 M Korbmuster mit Stb, 2x je 2 fM zusammen abmaschen (in Rdm der 1.-4. R arb), 4 fM, 2x je 2 fM zusammen abmaschen (in Rdm der 1.-4. R arb.), 16 M Korbmuster mit Stb (= 40 M).
12. Rd: 16 M Korbmuster mit Stb, 8 M Korbmuster mit hStb, 16 M Korbmuster mit Stb (= 40 M).
13.-15. Rd: 40 M Korbmuster mit Stb.
Faden trennen und durchziehen.

Knopf (2x)

Einen Magic-Ring in Anthrazit meliert fertigen und wie folgt in Rd arb:
1. Rd: 8 hStb, 1 Km in das 1. hStb (= 8 M).
Faden trennen und durchziehen. In Weiß neu anschlingen.
2. Rd: 2 Km in jede M der 1. Rd, 1 Km in die 1. Km (= 16 M).
Faden trennen und durchziehen. In Anthrazit meliert neu anschlingen.
3. Rd: 16 Km, 1 Km in die 1. Km.
4. Rd: 16 Km nur in das hintere M-Glied arb, 1 Km in die 1. Km.
Faden lang trennen, durchziehen und zum Aufnähen verwenden.

Fertigstellen

Alle Fäden vernähen. Knöpfe annähen.

Eine echt coole Sohle

kleine Sneaker

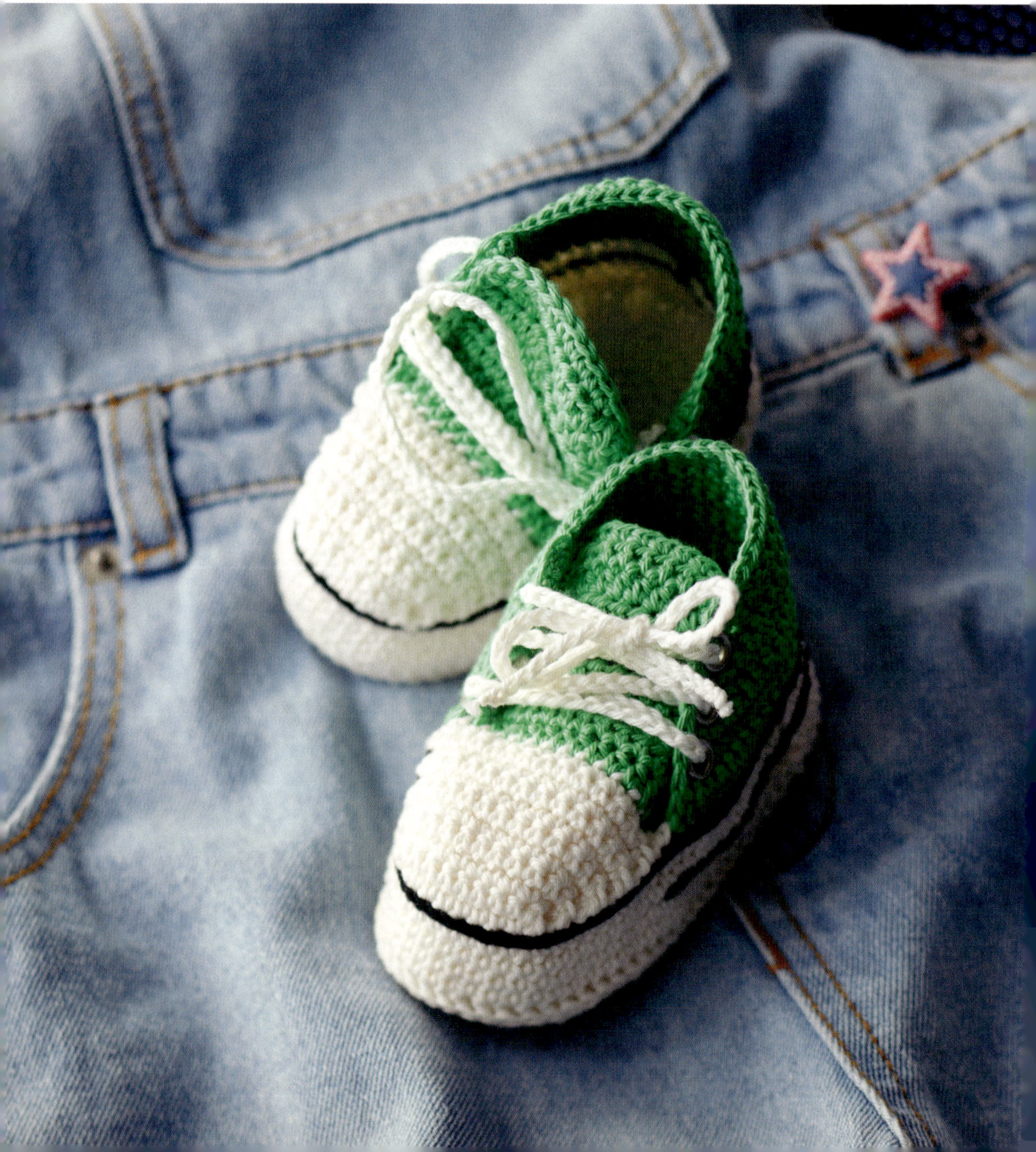

GRÖSSE
18/19

MATERIAL
- Schachenmayr Catania (LL 125 m/50 g) in Weiß (Fb 106) und Maigrün (Fb 389), je 50, in Schwarz (Fb 110), Rest
- 6 Ösen aus Metall, ø (innen) ca. 4 mm, und Ösenzange
- Häkelnadel 3,0 mm

Anleitung

Schuh (2x)

16 Lm in Weiß anschl und in Rd um die Lm-Kette herum arb. Jede Rd mit fM mit 1 Lm beginnen, jede Rd mit hStb mit 2 Lm beginnen, jede Rd mit Stb mit 3Lm beginnen.
Jede Rd mit 1 Km beenden. Diese M werden nicht mitgezählt.
1. Rd: In der 4. M von der Nd aus beginnen: 13 Stb, 6 Stb in 1 M, 13 Stb, 6 Stb in 1 M (= 38 M).
2. Rd: * 13 Stb, 6x je 2 Stb in 1 M, ab * 1x wdh (= 50 M).
3. Rd: * 13 Stb, 12x je 2 Stb in 1 M, ab * 1x wdh (= 74 M).
4. Rd: 74 fM.
5. Rd: 74 Relief-hStb von hinten.
6.-9. Rd: 74 fM.
Faden trennen und durchziehen. Den Schuh mittig falten, von der vorderen Mitte aus nach rechts gezählt in der 4. M neu anschlingen und in R arb.
1. R: 8 fM, 2 Km (= 10 M).
2. R: 1 Lm, 1 Km überspringen, 9 fM, 2 Km in die 9. Rd (= 11 M).
3. R: 1 Lm, 1 Km überspringen, 10 fM, 2 Km in die 9. Rd (= 12 M).
4. R: 1 Lm, 1 Km überspringen, 11 fM, 2 Km in die 9. Rd (= 13 M).
5. R: 1 Lm, 1 Km überspringen, 12 fM, 2 Km in die 9. Rd (= 14 M).
6. R: 1 Lm, 1 Km überspringen, 12 fM, 2 Km in die 9. Rd (= 14 M).
7. R: 1 Lm, 1 Km überspringen, 12 fM, 2 Km in die 9. Rd (= 14 M).
8. R: 1 Lm, 1 Km überspringen, 12 fM, 2 Km in die 9. Rd (= 14 M).
9. R: 1 Lm, 1 Km überspringen, 12 fM, 1 Km in die letzte M der 8. R (= 13 M).
Faden trennen und durchziehen. In Maigrün neu anschlingen und für die Zunge wie folgt häkeln:
1. R: 1 Km, 12 hStb (= 13 M).
2. R: 12 hStb, Km bleibt unbehäkelt (= 12 M).
3.-7. R: 12 hStb (= 12 M).
8. R: 2 hStb zusammen abmaschen, 8 hStb, 2 hStb zusammen abmaschen (= 10 M).
Faden trennen und durchziehen. In der Km der 1. R der Zunge neu anschlingen und die Zunge mit fM umhäkeln.
Neben der 9. R in Maigrün neu anschlingen und für die Seiten wie folgt häkeln:
1. R: 3x je 2 fM zusammen abmaschen, 36 fM, 3x je 2 fM zusammen abmaschen (= 42 M).
2. R: 42 fM.
3. R: 3x je 2 fM zusammen abmaschen, 30 fM, 3x je 2 fM zusammen abmaschen (= 36 M).
4. R: 36 fM.
5. R: 3x je 2 fM zusammen abmaschen, 24 fM, 3x je 2 fM zusammen abmaschen (= 30 M).
6. R: 30 fM.
7. R: 3x je 2 fM zusammen abmaschen, 18 fM, 3x je 2 fM zusammen abmaschen (= 24 M).
8. R: 24 fM.
In der 1. M der 1. R der Seite neu anschlingen und in Maigrün umhäkeln: 8 fM in die Rdm, 24 fM, 8 fM in die Rdm.
Faden trennen und durchziehen.

Schnürsenkel (2x)

In Weiß eine Lm-Kette mit 150 Lm häkeln.

Fertigstellen

Alle Fäden vernähen. Die Ösen gemäß Herstellerangaben wie abgebildet befestigen: zwischen die M schieben und mit der Ösenzange fixieren.
Für den schwarzen Kontraststreifen um die fM der 9. Rd Km in Schwarz arb. Den Schuh mittig falten und links und rechts die jeweils 24. M markieren. Zwischen den Markierungen und der 7. und 8. Rd eine Linie Km in Schwarz aufhäkeln.
Die Schnürsenkel einziehen.

Kleines Statement

coole Clogs

GRÖSSE
20/21

MATERIAL
- Schachenmayr Baby Smiles Bravo Baby 185 (LL 185 m/50 g) in Weiß (Fb 1001) und Apricot (Fb 1024), je 50 g
- Häkelnadel 3,0 mm
- 4 Knöpfe, ø 1,8 cm

Anleitung

Schuh (2x)

18 Lm in Weiß anschl und in Rd um die Lm-Kette herum arb. Jede Rd mit fM mit 1 Lm beginnen, jede Rd mit hStb mit 2 Lm beginnen. Jede Rd mit 1 Km beenden. Diese M werden nicht mitgezählt.

Sohle

1. Rd: In der 4. M von der Nd aus beginnen: 14 Stb, 6 Stb in 1 M, 14 Stb, 6 Stb in 1 M (= 40 M).
2. Rd: * 14 Stb, 6x je 2 Stb in 1 M, ab * 1x wdh (= 52 M).
3. Rd: * 14 Stb, 12x je 2 Stb in 1 M, ab* 1x wdh (= 76 M).
4. Rd: 76 fM.
5. Rd: 76 Relief-hStb von hinten.
6.-8. Rd: 76 fM.
Faden trennen und durchziehen.
Zwischen der 7. und 8. Rd in Apricot 1 Rd Km arb. Dafür den Faden im Schuh führen und den Faden von innen nach außen holen.

Oberteil Schuhspitze

Einen Magic-Ring in Apricot anschl. Das Oberteil wird in R gearbeitet. Jede R mit 2 Steige-Lm beginnen. Diese M werden nicht mitgezählt.
1. R: 2 Lm, 6 hStb in den Ring.
2. R: 6x je 2 hStb in 1 M (= 12 M).
3. R: * 1 hStb, 2 hStb in 1 M, ab * noch 5x wdh (= 18 M).
4. R: * 2 hStb, 2 hStb in 1 M, ab * noch 5x wdh (= 24 M).
5. R: * 3 hStb, 2 hStb in 1 M, ab * noch 5x wdh (= 30 M).
6. R: Es werden nur noch die Rdm der 1.-5. R behäkelt. 1 Lm, 20 fM (= 20 M).
7.-10. R: 20 fM.
Faden lang trennen, durchziehen und zum Annähen an die Sohle verwenden.

Riemchen

44 Lm in Apricot anschl und um die Lm-Kette herum arb: In der 6. M von der Nd aus beginnen (= 1. Knopfloch): 33 hStb, 1 Km in die 1. Lm der Lm-Kette (= 2. Knopfloch). 8 fM um die Lm-Kette arb. Die Unterseite der Lm-Kette mit 33 fM behäkeln, 8 fM um die Lm-Kette, 32 fM in die hStb, 1 Km. Faden trennen und durchziehen.

Fertigstellen

Knöpfe annähen. Oberteil der Schuhspitze annähen. Alle Fäden vernähen.
Riemchen an den Knöpfen befestigen.

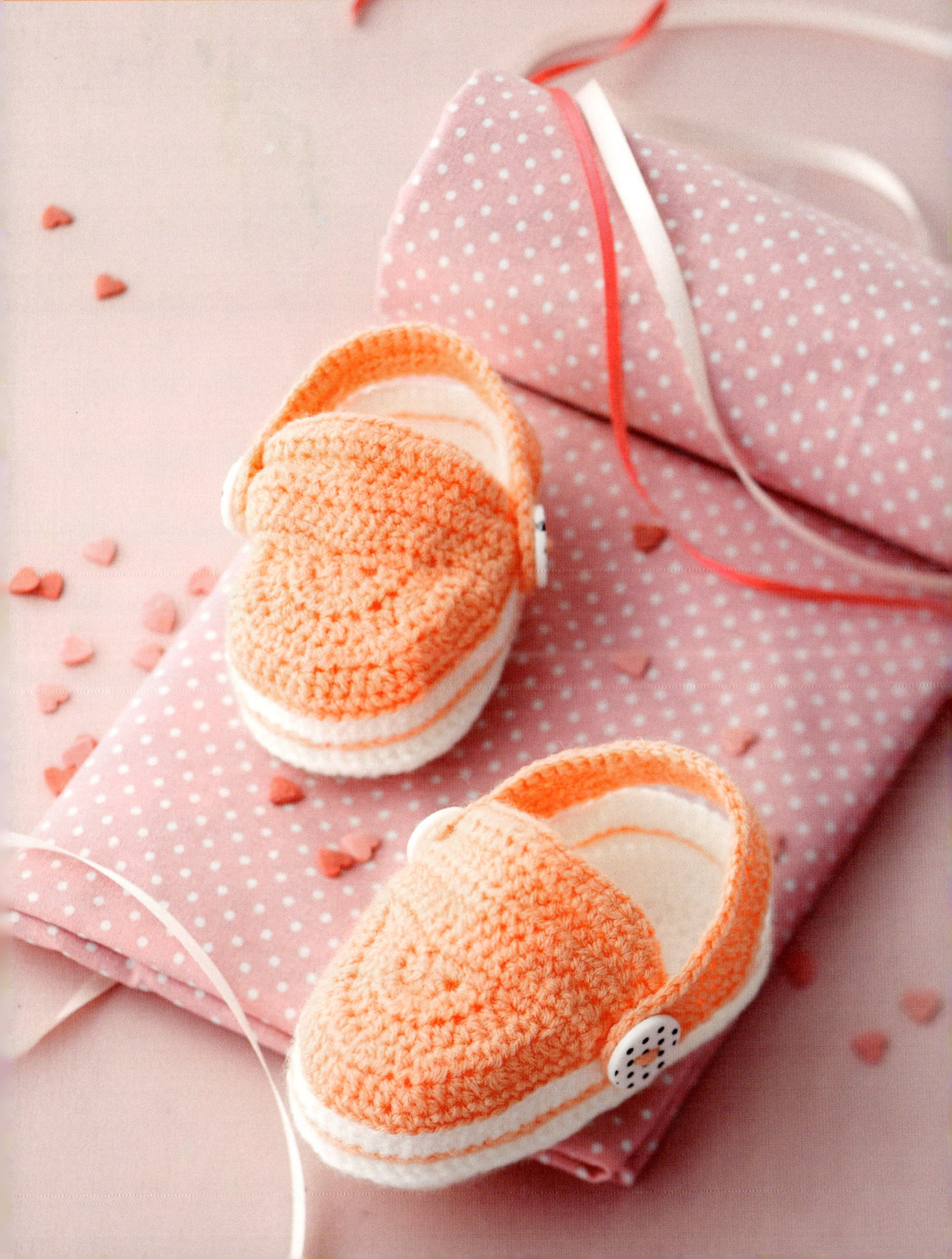

Echte Trend-Treter

erster Halbschuh mit Schnürung

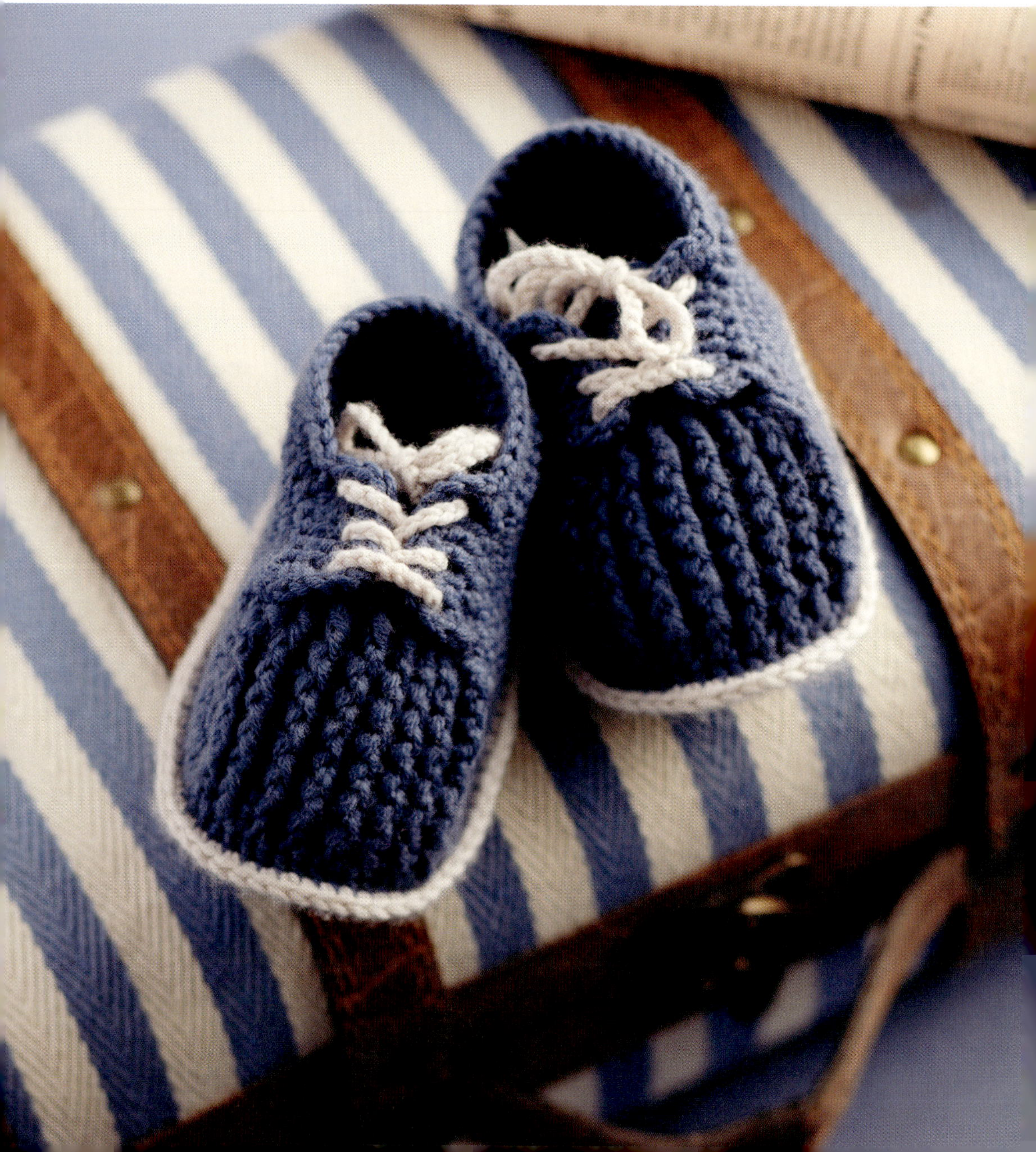

GRÖSSE
20/21

MATERIAL
- Schachenmayr Merino extrafine 120 (LL 120 m/50 g) in Tinte (Fb 159), 50 g, und in Leinen (Fb 103), Rest
- Häkelnadel 3,5 mm

Anleitung

Schuh (2x)

19 Lm in Tinte anschl und in Rd um die Lm-Kette herum arb. Jede Rd mit fM mit 1 Lm beginnen, jede Rd mit hStb mit 2 Lm beginnen. Jede Rd mit 1 Km beenden. Diese M werden nicht mitgezählt.

1. Rd: In der 3. M von der Nd aus beginnen: 16 hStb, 3 hStb in 1 M, 16 hStb, 3 hStb in 1 M (= 38 M).

2. Rd: * 16 hStb, 3x je 2 hStb in 1 M, ab* 1x wdh (= 44 M).

3. Rd: 10 fM, 3 hStb, 3 Stb, 6x je 2 Stb in 1 M, 3 Stb, 3 hStb, 11 fM, 4x je 2 fM in 1 M, 1 fM (= 54 M).

4. Rd: 10 fM, 3 hStb, 6 Stb, 6x je 2 Stb in 1 M, 6 Stb, 3 hStb, 11 fM, 4x [1 fM, 2 fM in 1 M], 1 fM (= 64 M).

5. Rd: 24 fM, 6x je 2 fM in 1 M, 34 fM (= 70 M).

6. Rd: 70 Relief-hStb von hinten.

Faden trennen und durchziehen. Den Schuh mittig falten und an der hinteren Mitte neu anschlingen.

7. Rd: 27 fM, 16 hStb, 27 fM (= 70 M).

8. Rd: 27 fM, * 1 Relief-Stb von vorn, 1 Relief-Stb von hinten, ab* noch 6x wdh, 1 Relief-Stb von vorn, 1 M überspringen, 27 fM (= 69 M).

9. Rd: 24 fM, 2 fM zusammen abmaschen, 1 M überspringen, * 1 Relief-Stb von vorn, 1 Relief-Stb von hinten, ab* noch 6x wdh, 1 Relief-Stb von vorn, 1 M überspringen, 2 fM zusammen abmaschen, 24 fM (= 65 M).

10. Rd: 22 fM, 2 fM zusammen abmaschen, 1 M überspringen, * 1 Relief-Stb von vorn, 1 Relief-Stb von hinten, ab* noch 6x wdh, 1 Relief-Stb von vorn, 1 M überspringen, 2 fM zusammen abmaschen, 22 fM (= 61 M).

11. Rd: 20 fM, 2 fM zusammen abmaschen, 1 M überspringen, * 1 Relief-Stb von vorn, 1 Relief-Stb von hinten, ab* noch 6x wdh, 1 Relief-Stb von vorn, 1 M überspringen, 2 fM zusammen abmaschen, 20 fM (= 57 M).

10. Rd: 18 fM, 2 fM zusammen abmaschen, 1 M überspringen, * 1 Relief-Stb von vorn, 1 Relief-Stb von hinten, ab* noch 6x wdh, 1 Relief-Stb von vorn, 1 M überspringen, 2 fM zusammen abmaschen, 18 fM (= 53 M).

Faden trennen und durchziehen. In der 19. M der 10 Rd neu anschlingen und für die Zunge in R arb.

1. R: 1 Steige-Lm, * 1 Relief-Stb von vorn, 1 Relief-Stb von hinten, ab* noch 6x wdh, 1 Relief-Stb von vorn (= 15 M).

2. R: 1 Steige-Lm, * 1 Relief-Stb von hinten, 1 Relief-Stb von vorn, ab* noch 6x wdh, Relief-Stb von hinten (= 15 M).

3. R: 1 Steige-Lm, * 1 Relief-Stb von vorn, 1 Relief-Stb von hinten, ab* noch 6x wdh, 1 Relief-Stb von vorn (= 15 M).

4. R: 1 Steige-Lm, * 1 Relief-Stb von hinten, 1 Relief-Stb von vorn, ab* noch 6x wdh, Relief-Stb von hinten (= 15 M).

5. R: 1 Steige-Lm, * 1 Relief-Stb von vorn, 1 Relief-Stb von hinten, ab* noch 6x wdh, 1 Relief-Stb von vorn (= 15 M).

6. R: 1 Steige-Lm, * 1 Relief-Stb von hinten, 1 Relief-Stb von vorn, ab* noch 6x wdh, Relief-Stb von hinten (= 15 M).

7. R: 1 Steige-Lm, 15 fM (= 15 M).

Faden trennen und durchziehen. Neben der Zunge neu anschlingen.

8. R: 1 Km, 37 fM (= 38 M).

9. R: 37 fM, 1 M unbehäkelt lassen (= 37 M).

10. R: 4 Stb, [1 Stb, 3 Lm, 1 Km] in dieselbe M, 26 fM, [1 Km, 3 Lm, 1 Stb] in dieselbe M, 4 Stb, 3 Lm, 1 Km (= 37 M).

Alles mit fM umhäkeln.

In Leinen in der hinteren Fersenmitte in der 6. Rd anschlingen und Km um die Relief-Stb der 6. Rd arb.

Schnürsenkel (2x)

In Leinen eine Lm-Kette mit 150 Lm häkeln.

Fertigstellen

Alle Fäden vernähen. Die Schnürsenkel wie abgebildet durch die Lücken zwischen den Stb der 10. R einziehen.

Kleiner Seemann

Schuh in Lieblingfarbe

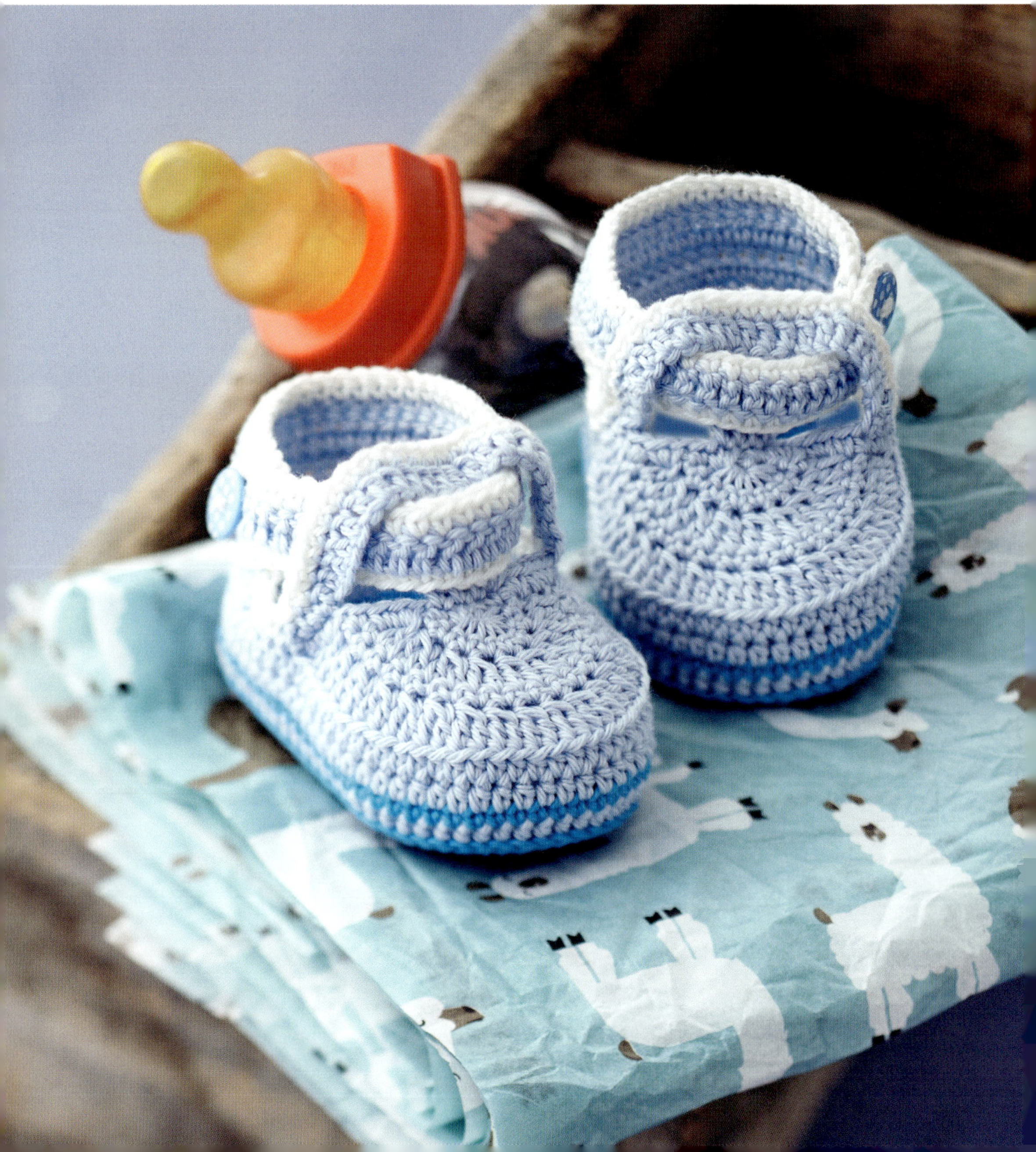

GRÖSSE

16/17

MATERIAL

- Schachenmayr Catania (LL 125 m/50 g) in Hellblau (Fb 173), Pfau (Fb 146) und Natur (Fb 105), je 50 g
- Häkelnadel 3,0 mm
- 2 Knöpfe, ø 1,2 cm

Anleitung

Linker Schuh

15 Lm in Pfau anschl und in Rd um die Lm-Kette herum arb. Jede Rd mit fM mit 1 Lm beginnen, jede Rd mit hStb mit 2 Lm beginnen, jede Rd mit Stb mit 3Lm beginnen.
Jede Rd mit 1 Km beenden. Diese M werden nicht mitgezählt.

1. Rd: In der 4. M von der Nd aus beginnen: 11 Stb, 6 Stb in 1 M, 11 Stb, 6 Stb in 1 M (=34 M).

2. Rd: * 11 Stb, 6x je 2 Stb in 1 M, ab* 1x wdh (=46 M).

3. Rd: * 11 Stb, 12x je 2 Stb in 1 M, ab* 1x wdh (=70 M).

Faden trennen und durchziehen. In Hellblau neu anschlingen.

4. Rd: Relief-hStb von hinten.

Faden trennen und durchziehen. In Pfau neu anschlingen.

5. Rd: 70 fM.

Faden trennen und durchziehen. In Hellblau neu anschlingen.

6.+7. Rd: 70 hStb.

Faden trennen und durchziehen. Den Schuh mittig falten, von der hinteren Mitte aus nach links gezählt in der 18. M neu anschlingen und in R arb.

1. R: Nur in das hintere M-Glied arb: 2 Lm und 1 Stb (zählen als 2 zusammen abgemaschte Stb), 17x je 2 Stb zusammen abmaschen, 1 Wende-Lm (= 18 M).

2. R: 18 fM.

3. R: 2 Lm und 1 Stb (zählen als 2 zusammen abgemaschte Stb), 8x je 2 Stb zusammen abmaschen, 1 Wende-Lm (=9 M).

4. R: 9 fM, 1 Wende-Lm (=9 M).

5. R: 9 fM zusammen abmaschen.

Faden trennen und in der 1. M der 1. R neu anschlingen.

6. R: 20 fM in die Rdm der 1.-5. R arb.

Faden trennen und durchziehen. In der 9. M der 6. R neu anschlingen.

7. R: 2 Lm, 3 hStb (=3 M).

8. R: 2 Lm, 3 hStb (=3 M).

Faden trennen und durchziehen. In der 3. M der 6. R auf der Innenseite des Schuhs neu anschlingen.

9. R (Rückr): 8 Lm, 4 Stb auf die M der 8. R (=1 M auf die Lm- Kette, 3 M auf die hStb), 8 Lm, in der 18. M der 6. R beginnen: 3 fM arb, 1 Wende-Lm (=23 M).

10. R: 3 M überspringen, 20 Stb, 3 fM, 1 Km (=24 M).

Faden trennen und durchziehen. In der 5. M neben der Km neu anschlingen.

11. R: 3 Steige-Lm, 26 Stb (=26 M).

12. R: 1 Steige-Lm, 26 fM (=26 M).

13. R: 3 Steige-Lm, 26 Stb (=26 M).

14. R: 1 Steige-Lm, 26 fM, 30 Lm (Schnalle) (=56 M).

15. R: In der 6. M von der Nd aus beginnen: 25 Stb in die Lm-Kette, 26 Stb (=51 M).

Faden trennen und durchziehen. In Natur neu anschlingen und alle M wie abgebildet mit fM umhäkeln.

Rechter Schuh

Den rechten Schuh wie den rechten bis zur 13. R arb. Dann wie folgt weiterarb:

14. R: 1 Steige-Lm, 26 fM (=26 M).

15. R: 3 Steige-Lm, 26 Stb, 30 Lm (Schnalle) (=56 M).

16. R: In der 6. M von der Nd aus beginnen: 25 Stb in die Lm-Kette, 1 Km in Rdm der 14. R (die Schnalle so drehen, dass die Lm-Kette oben ist).

Faden trennen und durchziehen. In Natur neu anschlingen und alle M wie abgebildet mit fM umhäkeln.

Fertigstellen

Alle Fäden vernähen. Knöpfe annähen.

Mini-Geisha

praktische Kimonoschuhe

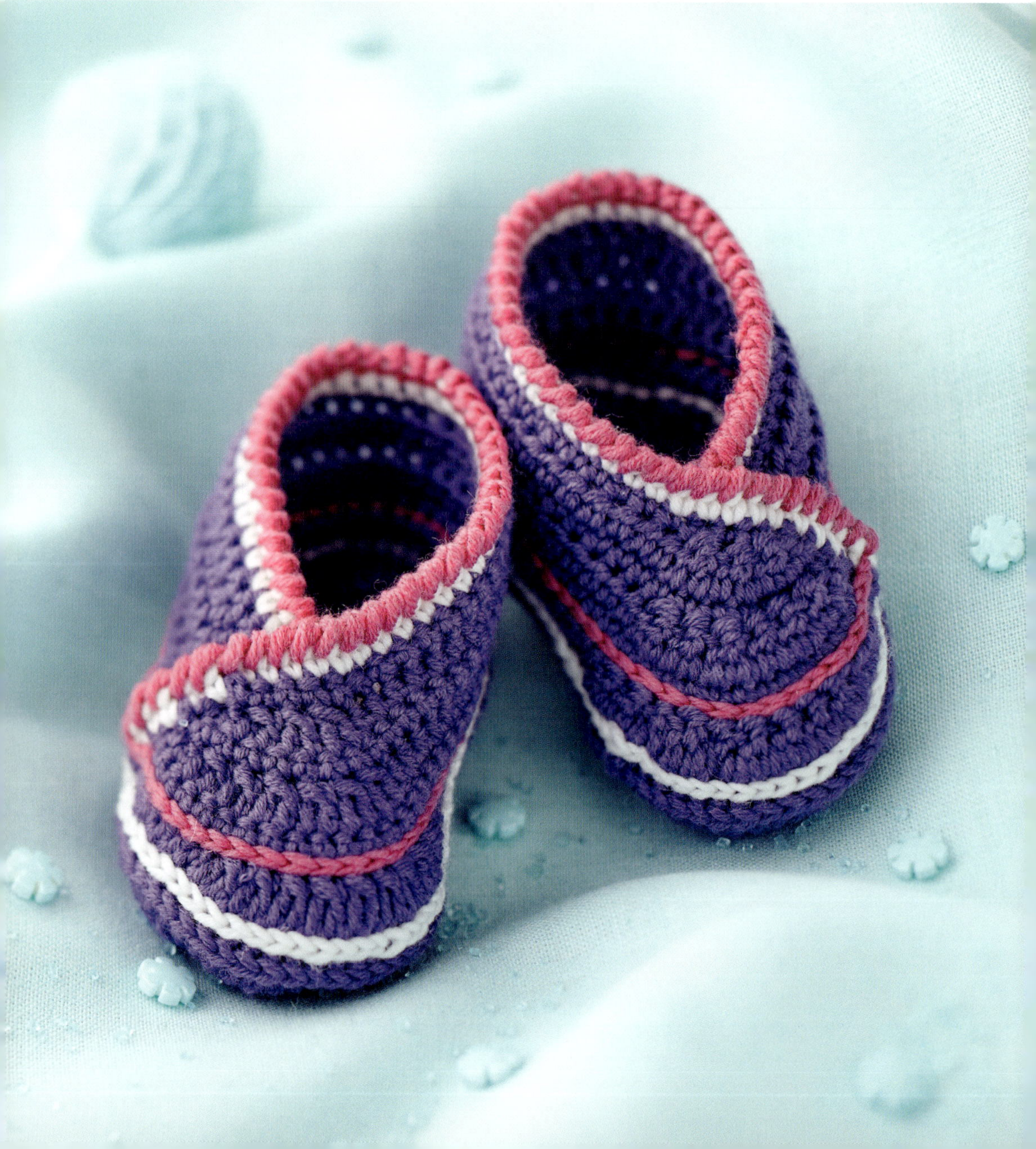

GRÖSSE
16/17

MATERIAL
- Schachenmayr Merino extrafine 120 (LL 120 m/50 g) in Violett (Fb 147), 50 g, in Pink (Fb 137) und Weiß (Fb 101), Reste
- Häkelnadel 3,5 mm

Anleitung

Rechter Schuh

12 Lm in Violett anschl und in Rd um die Lm-Kette herum arb. Jede Rd mit fM mit 1 Lm beginnen, jede Rd mit hStb mit 2 Lm, jede Rd mit Stb mit 3 Lm beginnen. Jede Rd mit 1 Km beenden. Diese M werden nicht mitgezählt.

1. Rd: In der 3. M von der Nd aus beginnen: 9 hStb, 6 hStb in 1 M, 9 hStb, 6 hStb in 1 M (= 30 M).

2. Rd: * 9 Stb, 6x je 2 Stb in 1 M, ab * 1x wdh (= 42 M).

3. Rd: * 9 hStb, 12x je 2 hStb in 1 M, ab * 1x wdh (= 66 M).

4. Rd: 66 fM.

5. Rd: 66 Relief-fM von hinten.

Faden trennen und durchziehen. Den Schuh mittig falten, von der vorderen Mitte aus nach links gezählt in der 13. M neu anschlingen und in R arb.

1. R: 40 hStb, 9x je 2 Stb zusammen abmaschen, 4 hStb, 3 fM, 1 M bleibt unbehäkelt (= 56 M).

2. R: 1 Wende-Lm, 1 M überspringen, 55 fM (= 55 M).

3. R: 2 Wende-Lm, 40 hStb, 6x je 2 Stb zusammen abmaschen, 1 hStb, 1 fM, 1 M bleibt unbehäkelt (= 48 M).

4. R: 1 Wende-Lm, 1 M überspringen, 47 fM (= 47 M).

5. R: 2 Wende-Lm, 38 hStb, 3x je 2 Stb zusammen abmaschen, 1 hStb, 1 fM, 1 M bleibt unbehäkelt (= 43 M).

6. R: 1 Wende-Lm, 1 M überspringen, 42 fM (= 42 M).

Faden trennen und durchziehen. In Weiß neu anschlingen.

7. R: 42 fM, 5 fM in die Rdm der 1.-6. R, 1 fM in die unbehäkelte M der 1. R (= 48 M).

Faden trennen und durchziehen. In Pink in der 1. M der 7. R neu anschlingen.

8. R: 48 Krebs-M (= fM von links nach rechts).

Faden trennen und durchziehen.

Linker Schuh

Den linken Schuh wie den rechten bis zur 5. Rd arb. Dann den Schuh mittig falten und von der vorderen Mitte aus nach rechts gezählt in der 13. M neu anschlingen, mit einer Rückr beginnen und in R arb.

1. R (Rückr): 40 hStb, 9x je 2 Stb zusammen abmaschen, 4 hStb, 3 fM, 1 M bleibt unbehäkelt (= 56 M).

2. R: 1 Wende-Lm, 1 M überspringen, 55 fM (= 55 M).

3. R: 2 Wende-Lm, 40 hStb, 6x je 2 Stb zusammen abmaschen, 1 hStb, 1 fM, 1 M bleibt unbehäkelt (= 48 M).

4. R: 1 Wende-Lm, 1 M überspringen, 47 fM (= 47 M).

5. R: 2 Wende-Lm, 38 hStb, 3x je 2 Stb zusammen abmaschen, 1 hStb, 1 fM, 1 M bleibt unbehäkelt (= 43 M).

6. R: 1 Wende-Lm, 1 M überspringen, 42 fM (= 42 M).

Faden trennen und durchziehen. In Weiß in der unbehäkelten M der 1. R neu anschlingen.

7. R: 5 fM in die Rdm der 1.-6. R, 42 fM.

Faden trennen und durchziehen. In Pink neu anschlingen.

8. R: 47 Krebs-M.

Faden trennen und durchziehen.

Fertigstellen

Zwischen der Sohle und der 1. R eine Linie Km in Weiß aufhäkeln. Zwischen der 3. und 4. R eine Linie Km in Pink aufhäkeln.

Die gerade Kante unter die schräge Kante schieben und festnähen.

Alle Fäden vernähen.

Kleiner Indianer

leichte Mokassins

GRÖSSE
16/17

MATERIAL
- Schachenmayr Merino extrafine 120 (LL 120 m/50 g) in Antikrosa (Fb 10134) und Smaragd (Fb 177), je 50 g
- Häkelnadel 3,5 mm

Anleitung

Schuh (2x)

12 Lm in Antikrosa anschl und in Rd um die Lm-Kette herum arb. Jede Rd mit fM mit 1 Lm beginnen, jede Rd mit hStb mit 2 Lm beginnen. Jede Rd mit 1 Km beenden. Diese M werden nicht mitgezählt.
1. Rd: In der 2. M von der Nd aus beginnen: 9 hStb, 6 hStb in 1 M, 9 hStb, 6 hStb in 1 M (= 30 M).
2. Rd: * 9 hStb, 6x je 2 hStb in 1 M, ab * 1x wdh (= 42 M).
3. Rd: * 9 hStb, 12x je 2 hStb in 1 M, ab * 1x wdh (= 66 M).
4. Rd: 66 Relief-fM von hinten.
Faden trennen und durchziehen. In Smaragd neu anschlingen.
5. Rd: 66 Relief-fM von hinten.
6.+7. Rd: 66 hStb.
Faden trennen. Den Schuh mittig falten, von der hinteren Mitte aus nach links gezählt in der 18. M neu anschlingen und in R arb.
1. R: Nur in das hintere M-Glied arb: 2 Lm und 1 Stb (zählen als 2 zusammen abgemaschte Stb), 17x je 2 Stb zusammen abmaschen (= 18 M).
2. R: 18 fM.
3. R: 2 Lm und 1 Stb (zählen als 2 zusammen abgemaschte Stb), 8x je 2 Stb zusammen abmaschen (= 9 M).
4. R: 9 fM.
5. R: 2 Lm, 8 Stb zusammen abmaschen.
In Rd weiterarb.
8. Rd: 8 fM in die Rdm der 1.-5. R, 30 fM, 8 fM in die Rdm der 1.-5. R (= 46 M).
Faden trennen und durchziehen. In der Fersenmitte neu anschlingen.
9. Rd: 13 hStb, 2x je 2 Stb zusammen abmaschen, 12 hStb, 2x je 2 Stb zusammen abmaschen, 13 hStb (= 42 M).
Faden trennen und durchziehen. In der 14. M der 9. Rd neu anschlingen und in R arb.
6. R: 2 Steige-Lm, 12 hStb (= 12 M).
7. R: 1 Steige-Lm, 1 fM, 1 hStb, 8 Stb, 1 hStb, 1 fM (= 12 M).
Faden trennen und durchziehen. In der Fersenmitte in Antikrosa neu anschlingen und alles mit fM umhäkeln.

Fertigstellen

In Antikrosa in der 5. Rd anschlingen und Km um die Relief-fM der 5. Rd arb.
In die unbehäkelten M-Glieder der 1. R Km in Antikrosa arb.
Faden lang trennen, durchziehen und wie abgebildet an der Zunge zwischen der 9. Rd und der 6. R eine Linie sticken.
Zwei kleine Quasten in Antikrosa anfertigen. Für eine Quaste einen Faden 4x um zwei Finger wickeln und aufschneiden. Einen weiteren Faden um die Schlingen knoten und 3x um den oberen Bereich der Schlingen wickeln. Den Faden durch diesen Bereich nach oben führen und mit dem anderen Ende des Fadens verknoten. Die Quasten festnähen. Alle Fäden vernähen.

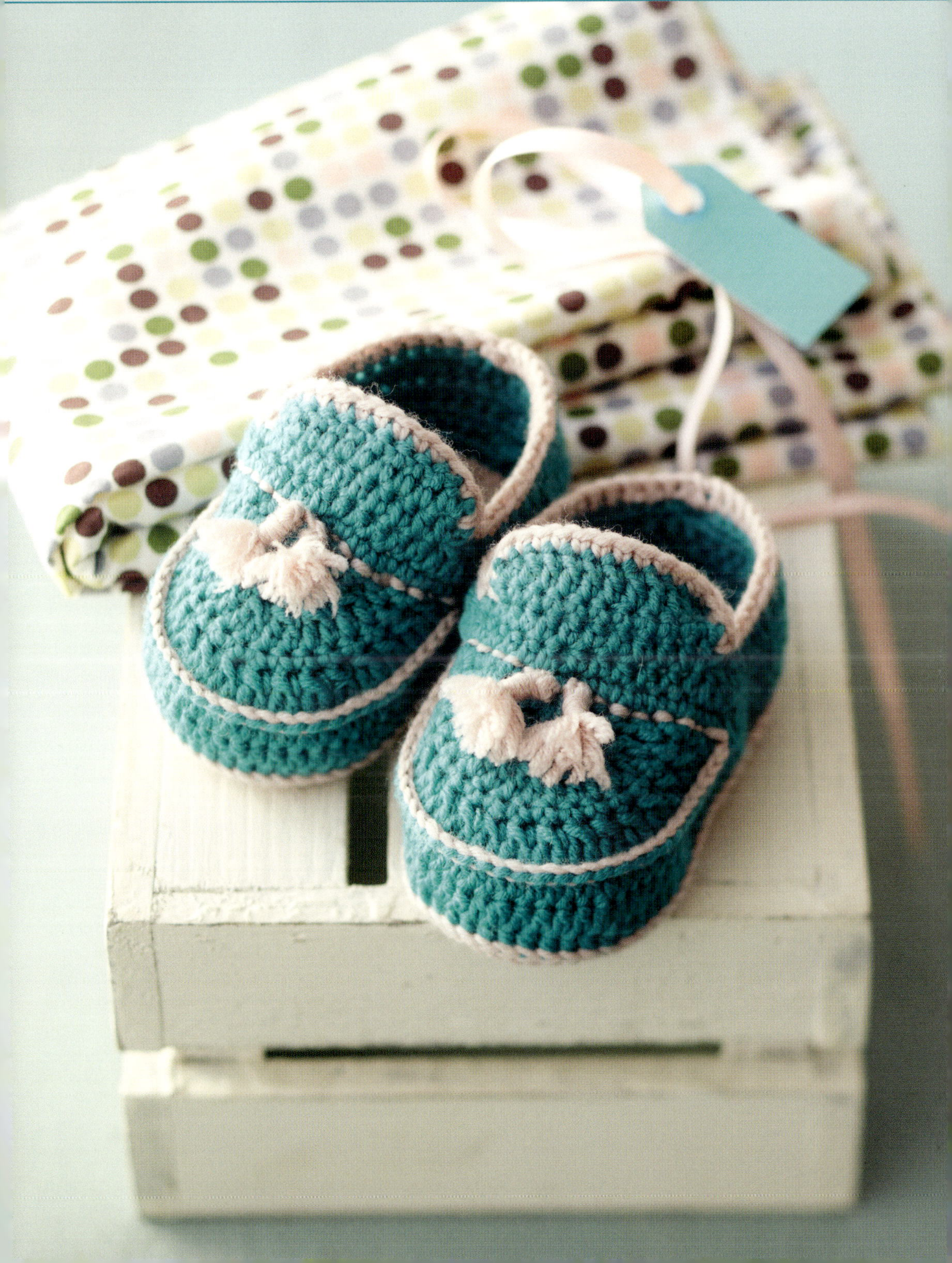

Zarte Sommerblume

kleine Sandale mit weißer Blüte

GRÖSSE
16/17

MATERIAL
- Schachenmayr Catania (LL 125 m/50 g) in Weiß (Fb 106) und Orchidee (Fb 222), je 50 g
- Häkelnadel 3,0 mm
- 2 Knöpfe, ø 1,2 cm

Anleitung

Linker Schuh

15 Lm in Orchidee anschl und in Rd um die Lm-Kette herum arb. Jede Rd mit fM mit 1 Lm beginnen, jede Rd mit hStb mit 2 Lm beginnen, jede Rd mit Stb mit 3Lm beginnen. Jede Rd mit 1 Km beenden. Diese M werden nicht mitgezählt.
1. Rd: In der 4. M von der Nd aus beginnen: 11 Stb, 6 Stb in 1 M, 11 Stb, 6 Stb in 1 M (= 34 M).
2. Rd: * 11 Stb, 6x je 2 Stb in 1 M, ab * 1x wdh (= 46 M).
3. Rd: * 11 Stb, 12x je 2 Stb in 1 M, ab * 1x wdh (= 70 M).
4. Rd: 70 Relief-hStb von hinten.
5.+6. Rd: 70 hStb.
Faden trennen und durchziehen. Den Schuh mittig falten und in der hinteren Mitte neu anschlingen.
7. Rd: 20 fM, 10x [nur in das hintere M-Glied arb: 1 fM, 2 fM zusammen abmaschen], 20 fM (= 60 M).
Faden trennen und durchziehen. Den Schuh mittig falten, von der hinteren Mitte aus nach rechts gezählt in der 13. M von der hinteren Mitte aus neu anschlingen und in R arb.
1. R: 2 Steige-Lm, 26 hStb.
2. R: 1 Steige-Lm, 26 fM, 23 Lm (Schnalle) (= 49 M).
3. R: In der 6. M von der Nd aus beginnen: 18 hStb in die Lm-Kette, 26 hStb (= 44 M).
Faden trennen und durchziehen.

Rechter Schuh

Den linken Schuh bis zur 1. R wie den rechten Schuh arb. Dann wie folgt weiterarb:
2. R: 26 hStb.
3. R: 2 Steige-Lm, 26 hStb, 23 Lm (Schnalle) (= 49 M).
4. R: In der 6. M von der Nd aus beginnen: 18 hStb in die Lm-Kette, 1 Km in die 2. R (die Schnalle so drehen, dass die Lm-Kette oben ist).
Faden trennen und durchziehen.

Blume (2x)

In Weiß einen Magic-Ring fertigen.
1. Rd: 12 hStb in den Ring.
2. Rd: * 1 fM, 8 Lm, 1 fM, ab * noch 5x wdh (= 6 Blütenblätter).
3. Rd: * Pro Blütenblatt 1 Km in die M der 1. Rd, dann um die Lm der 2. Rd [1 fM, 1 hStb, 10 Stb, 1 hStb, 1 fM] arb, 1 Km in die M der 1. Rd, ab * noch 5x wdh.
Faden lang trennen, durchziehen und zum Annähen der Blume an den Schuh verwenden.

Fertigstellen

Die Blumen jeweils wie abgebildet am Schuh festnähen: Die vorderen 4 M der Spitze bleiben frei. Links und rechts davon je ein Blütenblatt festnähen. Neben den Blütenblättern jeweils 4 M frei lassen und das nächste Blatt annähen. Riemchen schließen und die letzten beiden Blätter auf das Riemchen nähen. Zwischen dem 5. und 6. Blütenblatt wieder 4 M frei lassen. Alle Fäden vernähen. Knöpfe annähen.

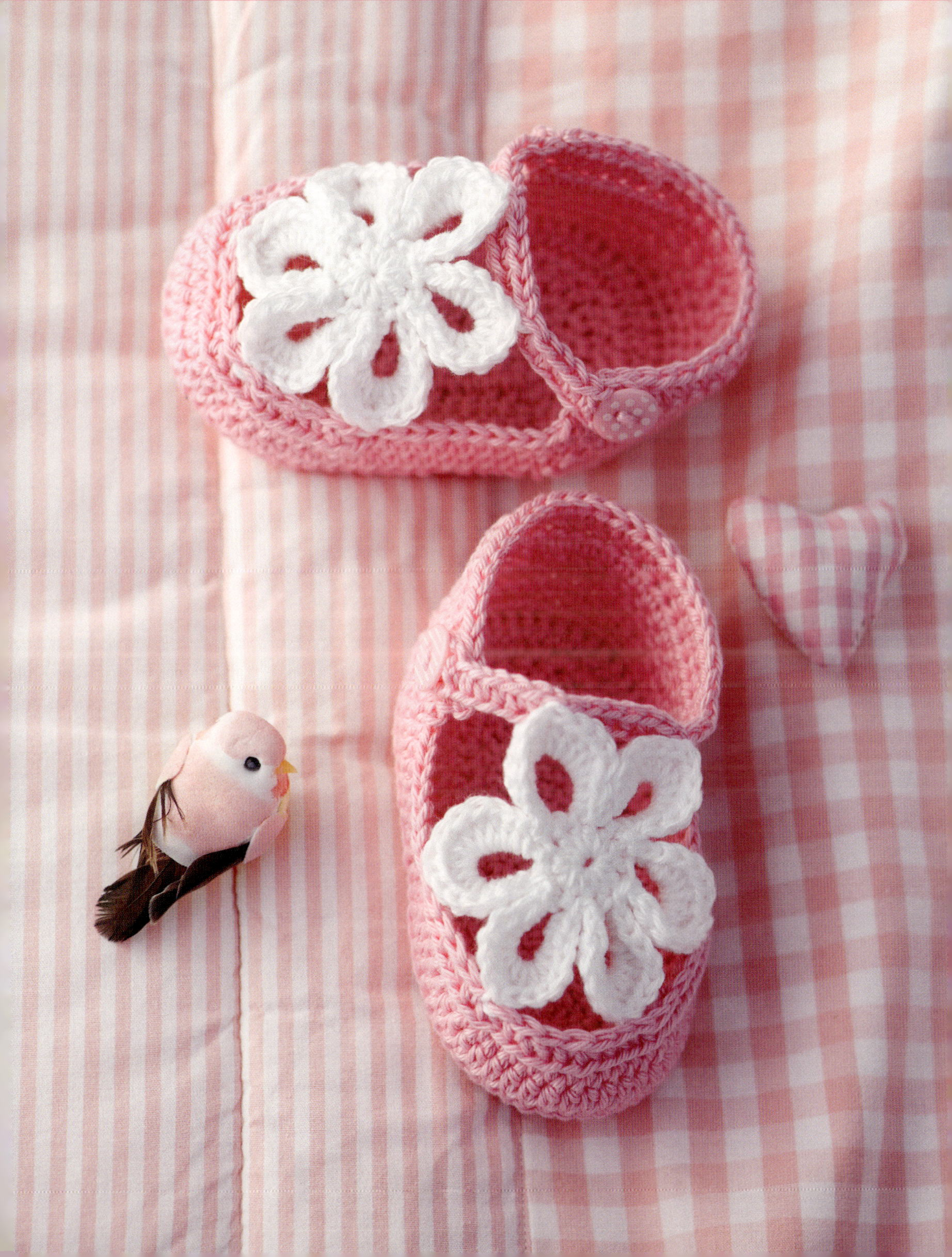

Kleiner Herzensbrecher

süße Sandale mit Herzmuster

GRÖSSE
18/19

MATERIAL
- Schachenmayr Catania (LL 125 m/50 g) in Sand (Fb 404) und Phlox (Fb 282), je 50 g
- Häkelnadel 3,0 mm
- 2 Knöpfe, ø 1,2 cm

Anleitung

Sohle (4x)

19 Lm in Sand anschl und in Rd um die Lm-Kette herum arb. Jede Rd mit fM mit 1 Lm beginnen, jede Rd mit hStb mit 2 Lm beginnen. Jede Rd mit 1 Km beenden. Diese M werden nicht mitgezählt.
1. Rd: In der 3. M von der Nd aus beginnen: 16 hStb, 3 hStb in 1 M, 16 hStb, 3 hStb in 1 M (= 38 M).
2. Rd: * 16 hStb, 3x je 2 hStb in 1 M, ab * 1x wdh (= 44 M).
3. Rd: 10 fM, 3 hStb, 3 Stb, 6x je 2 Stb in 1 M, 3 Stb, 3 hStb, 11 fM, 4x je 2 fM in 1 M, 1 fM (= 54 M).
4. Rd: 10 fM, 3 hStb, 6 Stb, 6x je 2 Stb in 1 M, 6 Stb, 3 hStb, 11 fM, 4x [1 fM, 2 fM in 1 M], 1 fM (= 64 M).
5. Rd: 24 fM, 6x je 2 fM in 1 M, 34 fM (= 70 M).
Faden trennen und durchziehen.

Linker Schuh

In der Fersenmitte einer Sohle in Phlox neu anschlingen und zwischen der 4. und 5. Rd eine Rd Km arb.
Faden trennen. Den Schuh mittig falten, von der hinteren Mitte aus nach rechts gezählt in der 13. M neu anschlingen und in R arb.
1. R: 26 Relief-fM von hinten.
2.+3. R: 26 hStb.
4. R: 26 hStb, 23 Lm (Schnalle) (= 49 M).
5. R: In der 6. M von der Nd aus beginnen: 18 hStb in die Lm-Kette, 26 hStb (= 44 M).
Faden trennen und durchziehen.
In der 1. M der 1. R neu anschlingen und alles mit fM umhäkeln.
Faden trennen und durchziehen.

Rechter Schuh

Den linken Schuh bis zur 3. R wie den rechten Schuh arb. Dann wie folgt weiterarb:
4. R: 26 hStb.
5. R: 26 hStb, 23 Lm (Schnalle), in der 6. M von der Nd aus beginnen: 18 hStb in die Lm-Kette, 1 Km in die Rdm der 4. R (Schnalle so drehen, dass die Lm-Kette oben ist).
Faden trennen und durchziehen.
In der 1. M der 1. R neu anschlingen und alles mit fM umhäkeln.
Faden trennen und durchziehen.

Herz-Riemchen (2x)

Hinweis: Mit doppeltem Faden häkeln.

26 Lm in Phlox anschl.
Auf der Oberseite der Lm-Kette in der 4. M von der Nd aus beginnen: 1 Stb, 1 Lm, 1 Km, 1 Lm, 2 Stb in 1 M, 1 M überspringen, 1 Km, 1 M überspringen, * 2 Stb in 1 M, 1 Lm, 1 Km, 1 Lm, 2 Stb in 1 M, 1 M überspringen, 1 Km, 1 M überspringen, ab * noch 2x wdh (= 4 Herzchen).
Auf der Unterseite der Lm-Kette wie folgt weiterarb: * In die Km zwischen den Lm [1 hStb, 2 fM, 1 Stb, 2 fM, 1 hStb] arb, 1 Km in die Km zwischen den übersprungenen M, ab * noch 3x wdh.
Faden lang trennen, durchziehen und zum Festnähen an der Sohle verwenden.

Fertigstellen

Zwischen der 4. und 5. R der Sohle eine Linie Km aufhäkeln. An den linken und rechten Schuh jeweils noch eine Sohle annähen. Alle Fäden vernähen. Die Herz-Riemchen wie abgebildet annähen. Knöpfe annähen.

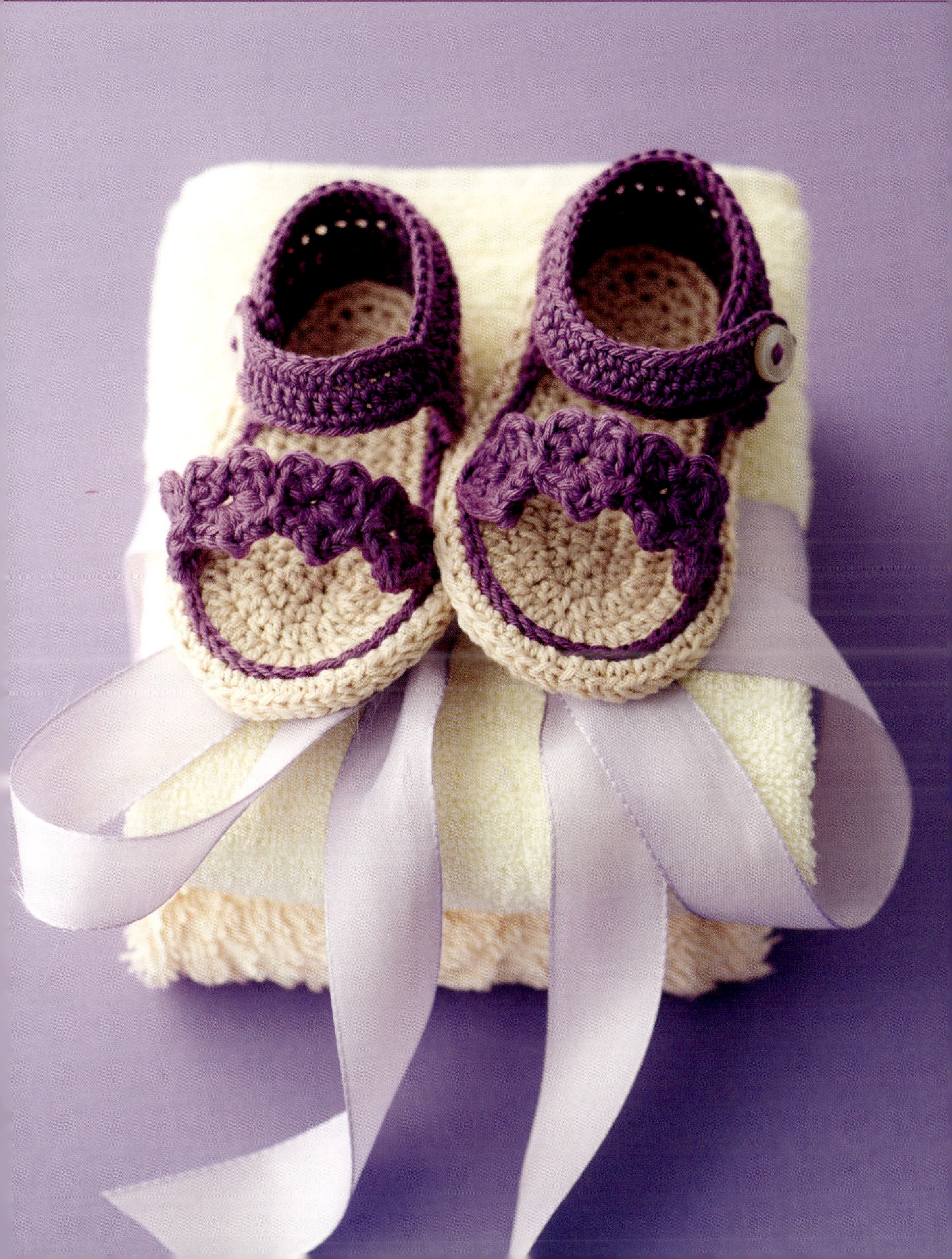

Süße Eule

kleine Boots

Anleitung

Schuh (2x)

19 Lm in Flamingo Color anschl und in Rd um die Lm-Kette herum arb. Jede Rd mit fM mit 1 Lm beginnen, jede Rd mit hStb mit 2 Lm beginnen. Jede Rd mit 1 Km beenden. Diese M werden nicht mitgezählt.

1. Rd: In der 3. M von der Nd aus beginnen: 16 hStb, 3 hStb in 1 M, 16 hStb, 3 hStb in 1 M (= 38 M).

2. Rd: * 16 hStb, 3x je 2 hStb in 1 M, ab * 1x wdh (= 44 M).

3. Rd: 10 fM, 3 hStb, 3 Stb, 6x je 2 Stb in 1 M, 3 Stb, 3 hStb, 11 fM, 4x je 2 fM in 1 M, 1 fM (= 54 M).

4. Rd: 10 fM, 3 hStb, 6 Stb, 6x je 2 Stb in 1 M, 6 Stb, 3 hStb, 11 fM, 4x [1 fM, 2 fM in 1 M], 1 fM (= 64 M).

5. Rd: 24 fM, 6x je 2 fM in 1 M, 34 fM (= 70 M).

Faden trennen und durchziehen.
In Apricot neu anschlingen.

6. Rd: 70 Relief-hStb von hinten.

Faden trennen und durchziehen.
In Flamingo Color neu anschlingen.

7. Rd: 70 Relief-hStb von hinten.

8.-10. Rd: 70 hStb.

Faden trennen und durchziehen. Den Schuh mittig falten, von der hinteren Mitte aus nach links gezählt in der 16. M neu anschlingen und in R arb.

1. R: 2 Lm und 1 Stb (zählen als 2 zusammen abgemaschte Stb), 15x je 2 Stb zusammen abmaschen (= 16 M).

2. R: 2 Lm und 1 Stb (zählen als 2 zusammen abgemaschte Stb), 7x je 2 Stb zusammen abmaschen (= 8 M).

3. R: 2 Lm, 8 Stb zusammen abmaschen.

In Rd weiterarb.

11. Rd: 1 Lm, 3 fM in die Rdm der 1.-3. R, 38 fM, 3 fM in die Rdm der 1.-3. R (= 44 M).

12. Rd: 44 hStb.

13. Rd: * 2 hStb, 1 Lm (zählt als 1 M), 1 M der Vor-Rd überspringen, ab * noch 13x wdh, 2 hStb (= 44 M).

14.+15. Rd: 44 hStb.

Faden trennen und durchziehen.
In Sonne neu anschlingen.

16. Rd: 44 Krebs-M (= fM von links nach rechts).

Faden trennen und durchziehen.
In der hinteren Mitte in der 6. Rd neu anschlingen und 70 Krebs-M häkeln. Faden trennen und durchziehen.

Eule (2x)

Körper

In Flamingo Color einen Magic-Ring fertigen und in Rd arb.

1. Rd: 6 fM in den Ring.

2. Rd: 6x je 2 hStb in 1 M (= 12 M).

Faden trennen und durchziehen. In Apricot neu anschlingen.

3. Rd: 12x je 2 fM in 1 M (= 24 M).

4. Rd: 1 Lm, 1 fM, * 1 M der Vor-Rd überspringen, [1 hStb, 1 Stb, 1 DStb, 1 Lm, 1 Km in das DStb, 1 Stb, 1 hStb] in 1 M arb, 1 M der Vor-Rd überspringen *, 15 fM, von * bis * wdh, 1 Km in die 1. Lm.

Faden trennen und durchziehen.

Flügel

In Sonne arb. Für den ersten Flügel in der M nach der übersprungenen 1. M neu anschlingen und wie folgt häkeln: 1 Km, 1 fM, [2 hStb, 1 Stb] in 1 M, 3 Lm, 1 Km. Faden trennen. 10 M frei lassen. Den zweiten Flügel wie folgt arb: 1 Km, 3 Lm, [1 Stb, 2 hStb] in 1 M, 1 fM, 1 Km. Faden lang trennen, durchziehen und zum Aufsticken des Schnabels verwenden. Den Schnabel wie abgebildet aufsticken.

Auge (2x)

In Weiß einen Magic-Ring fertigen und wie folgt in den Ring häkeln: 1 Lm, 8 fM, 1 Km in die 1. Lm. Den Faden lang trennen, durchziehen und zum Annähen des Auges verwenden. Mit dem schwarzen Perlgarn die Pupille aufsticken. Die Augen aufnähen.

Fertigstellen

Alle Fäden vernähen. Eule aufnähen. Zwei ca. 30 cm lange Kordeln in Weiß drehen und in die Lücken der 13. Rd einziehen.

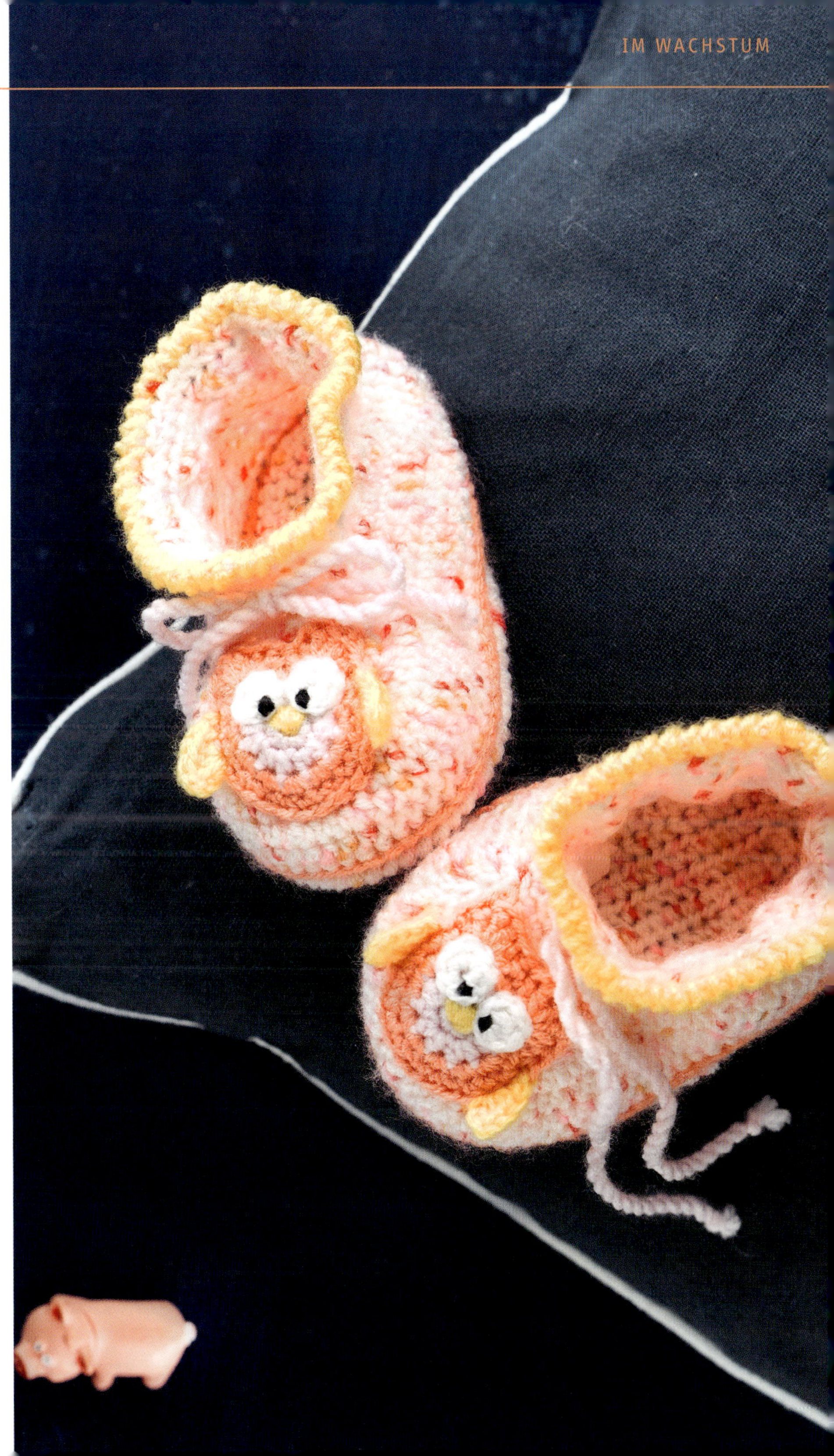

GRÖSSE
18/19

MATERIAL
- Schachenmayr Baby Smiles Bravo Baby 185 (LL 185 m/50 g) in Flamingo Color (Fb 180), 50 g, in Apricot (Fb 1024), Sonne (Fb 1022) und Weiß (Fb 1001), Reste
- Perlgarn in Schwarz, Rest
- Häkelnadel 3,5 mm

Rosa Lieblingsschuh

süße Stiefel mit Schleife

GRÖSSE
16/17

MATERIAL
- Schachenmayr Merino extrafine 120 (LL 120 m/50 g) in Puderrosa (Fb 135), 50 g, und in Pink (Fb 137), Rest
- Häkelnadeln 3,5 mm und 4,5 mm

Anleitung

Stiefelchen (2x)

Mit der Nd 3,5 mm 12 Lm in Puderrosa anschl und in Rd um die Lm-Kette herum arb. Jede Rd mit fM mit 1 Lm beginnen, jede Rd mit hStb mit 2 Lm beginnen. Jede Rd mit 1 Km beenden. Diese M werden nicht mitgezählt.

1. Rd: In der 3. M von der Nd aus beginnen: 9 hStb, 6 hStb in 1 M, 9 hStb, 6 hStb in 1 M (= 30 M).

2. Rd: * 9 hStb, 6x je 2 hStb in 1 M, ab * 1x wdh (= 42 M).

3. Rd: 14 hStb, 6x je 2 Stb in 1 M, 15 hStb, 6x je 2 Stb in 1 M, 1 hStb (= 54 M).

4. Rd: 54 fM nur in das hintere M-Glied.

5.-7. Rd: 54 hStb.

Faden trennen und durchziehen. Den Schuh mittig falten, von der vorderen Mitte aus nach rechts gezählt in der 14. M neu anschlingen und in R arb.

1. R: 2 Lm und 1 hStb (zählen als 2 zusammen abgemaschte hStb), 13x je 2 hStb zusammen abmaschen (= 14 M).

2. R: 14 fM.

3. R: 2 Lm und 1 hStb (zählen als 2 zusammen abgemaschte hStb), 6x je 2 hStb zusammen abmaschen (= 7 M).

4. R: 7 fM.

5. R: 2 Lm, 7 hStb zusammen abmaschen.
In Rd weiterarb.

8. Rd: 4 fM in die Rdm der 1.-5. R, 26 fM, 4 fM in die Rdm der 1.-5. R (= 34 M).
Faden trennen und durchziehen. In der Fersenmitte neu anschlingen. Mit Nd 4,5 mm weiterarb.

9. Rd: Nur in das hintere M-Glied arb: * 3 fM, 2 hStb, 2 Stb, 3 DStb, 2 Stb, 2 hStb, 3 fM, ab* noch 1x wdh (= 34 M).

10. Rd: Nur in das vordere M-Glied arb: 34 hStb.

11. Rd: Nur in das hintere M-Glied arb: 4 Lm, * 3 DStb, 2 Stb, 2 hStb, 3 fM, 2 hStb, 2 Stb, 3 DStb, ab * noch 1x wdh (= 34 M).

12. Rd: Nur in das vordere M-Glied arb: 34 hStb.

13. Rd: Nur in das hintere M-Glied arb: * 3 fM, 2 hStb, 2 Stb, 3 DStb, 2 Stb, 2 hStb, 3 fM, ab * noch 1x wdh (= 34 M).

14. Rd: Nur in das vordere M-Glied arb: 34 hStb.

15. Rd: Nur in das hintere M-Glied arb: 4 Lm, * 3 DStb, 2 Stb, 2 hStb, 3 fM, 2 hStb, 2 Stb, 3 DStb, ab * noch 1x wdh (= 34 M).

16. Rd: Nur in das vordere M-Glied arb: 34 hStb.

Faden trennen und durchziehen.

Schleife (2x)

In Pink einen Magic-Ring fertigen und wie folgt in den Ring häkeln: 3 Lm, 4 DStb, 3 Lm, 1 Km, 3 Lm, 4 DStb, 3 Lm, 1 Km.
Faden lang trennen, durchziehen und zum Aufnähen der Schleife verwenden.

Fertigstellen

In der Fersenmitte in Pink zwischen der 8. und 9. Rd neu anschlingen und eine Rd Km häkeln. Die Schleife aufnähen. Alle Fäden vernähen.

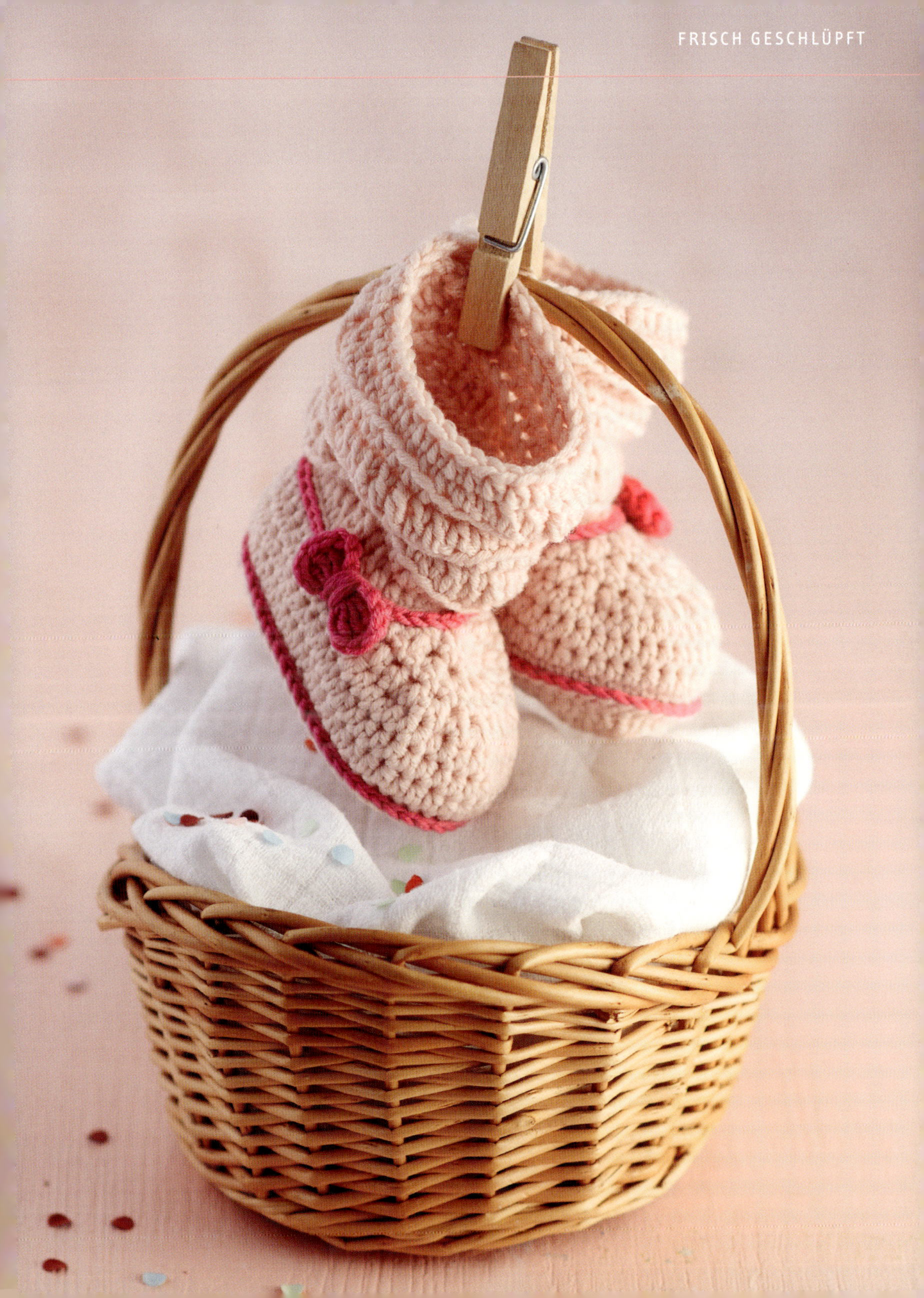

Coole Sportskanone

tolle Turnschuhe

GRÖSSE
20/21

MATERIAL
- Schachenmayr Merino extrafine 120 (LL 120 m/ 50 g) in Wiesengrün (Fb 170) und Petrol (Fb 169), je 50 g, in Weiß (Fb 101) und Mittelgrau meliert (Fb 192), Reste
- Häkelnadel 3,5 mm

Anleitung

Schuh (2x)

14 Lm in Wiesengrün anschl und in Rd um die Lm-Kette herum arb. Jede Rd mit fM mit 1 Lm beginnen, jede Rd mit hStb mit 2 Lm beginnen. Jede Rd mit 1 Km beenden. Diese M werden nicht mitgezählt.

1. Rd: In der 3. M von der Nd aus beginnen: 11 hStb, 6 hStb in 1 M, 11 hStb, 6 hStb in 1 M (= 34 M).
2. Rd: * 11 Stb, 6x je 2 Stb in 1 M, ab * 1x wdh (= 46 M).
3. Rd: * 11 Stb, 12x je 2 Stb in 1 M, ab * 1x wdh (= 70 M).
4. Rd: 70 hStb.
5. Rd: 70 fM nur in das hintere M-Glied.
Faden trennen und durchziehen. In Petrol neu anschlingen.
6.-8. Rd: 70 hStb.
9. Rd: 17 hStb, 8x je 2 hStb zusammen abmaschen, 37 hStb (= 62 M).
10. Rd: 62 fM.
11. Rd: 13 hStb, 8x je 2 hStb zusammen abmaschen, 33 hStb (= 54 M).
Faden trennen und durchziehen.
Nun für die Fersenschlaufe in Wiesengrün die mittleren 6 M der Ferse behäkeln.
1.-7. R: 6 fM.
Faden lang trennen, durchziehen und die letzte R mit der 1. R zusammennähen.
Für die Spitze in Wiesengrün die mittleren 10 M der Spitze wie folgt behäkeln:
1.-3. R: 10 fM.
4. R: 2 fM zusammen abmaschen, 6 fM, 2 fM zusammen abmaschen (= 8 M).
5. R: 2 fM zusammen abmaschen, 4 fM, 2 fM zusammen abmaschen (= 6 M).
Faden lang trennen, durchziehen und damit die Spitze am Schuh festnähen.

Zunge (2x)

In Mittelgrau meliert einen Magic-Ring fertigen und in R arb. Jede R mit 1 Lm beginnen.
1. R: 4 fM in den Ring.
2. R: 4 fM.
3. R: 2 fM in 1 M, 3 fM (= 5 M).
4. R: 2 fM in 1 M, 4 fM (= 6 M).
5.+6. R: 6 fM.
7. R: 2 fM in 1 M, 5 fM (= 7 M).
8.-10. R: 7 fM.
11. R: 2 fM in 1 M, 6 fM (= 8 M).
12.-15. R: 8 fM.
16. R: 2 fM zusammen abmaschen, 4 fM, 2 fM zusammen abmaschen (= 6 M).
17. R: 2 fM zusammen abmaschen, 2 fM, 2 fM zusammen abmaschen (= 4 M).
Faden trennen und durchziehen.

Schnürsenkel (2x)

In Weiß eine Lm-Kette mit 150 Lm häkeln.

Fertigstellen

Die Zunge in den Schuh nähen. In Weiß 1 Rd Km zwischen der 5. und 6. Rd aufhäkeln. Die Schnürsenkel einziehen. Alle Fäden vernähen.